〈写真協力〉日本ユニセフ協会

子どもの
あそびと
絵本

改訂

岡田純也

はじめに

	犬	猫
譲渡	11,331頭	1,513頭
動物実験	9,557頭	1,247頭
殺処分	280,819頭	274,463頭
殺処分計	555,282頭	

行政による犬・猫処分数（平成11年度）　地球生物会議（ALIVE）調査

ここにある統計は、人間のエゴイズムや繁栄の上に犠牲となった生命の数である。私たちがペットとして愛する犬や猫の、もうひとつの悲しい姿を示している。

かわいい動物の生命に関わることだけに、このような数字を目の当たりにすると、どうしようもない悲しみと怒りに心がふさがれてしまう。

『アンジュール』（G・Vincent／ブックローン出版）という絵本がある。走る自動車の窓から犬を投げ捨てるという、残忍なシーンで始まる物語である。また、『やさしいたんぽぽ』（安房直子　作・南塚直子　絵／小峰書店）も、子猫を野原に捨てるところから始まる。

これらのように、幼児対象の絵本の世界にさえ、生きものを題材にした作品が多く見られるようになった。人間の生命と同じく、動物の生命の重みが問われている現在、私たちが追求してきた文明についても、改めて振り返る時が来たのではないかと考える。

「児童文化学」という新興のささやかな学問は、素朴ではあるけれども、このような最も考えなければならない点から出発するのである。

5ページの表は、「二〇〇〇年生まれの名前ベスト一〇〇」の一部である。

人の名前は、愛する子どもへの最初の贈り物である。それぞれの名前に両親や周囲の人々の熱い願いが込められている。生命への限りない愛しさが象徴的に表されているものと言えるであろう。親にとっては、子どもたちへの透明な愛の表現である。

ところが、その純粋なはずの愛を、知らぬ間に、私たちは子どもたちに押しつけてしまうことがある。そして、時として、子ども自身の思いと衝突して、「親の心子知らず」等と嘆いたりもする。

しかしこれは、自らの中にある意識しない理由によって生じるものである、と言えるかもしれない。

たとえば、「子ども」をどのように書き表すかというような、一見ささやかなことにもつな

『やさしいたんぽぽ』／小峰書店

がるのではないか……。

あなたは「子ども」派ですか。あるいは「子供」派ですか。

テレビ局のディレクター氏の持ってきた「夏休みの読書」の台本を見つつ、ある一行が気になった。「子供のための……」という一行であった。

そこでディレクター氏に「これは説明用のパネルに書かれる文字だから、平易にされた方が」と言うと、「うっかりしていました。急ぐと、つい漢字で『子供』と書いてしまうんです」と、ディレクター氏はすかさず訂正された。

決して間違いではないが、「子供」の「供」は、「力ある者の家来」といった意味もあり、充実した人格の持ち主や児童に対して用いるには爽（さわ）やかとは言えないだろう。このディレクター氏も、そのあたりを十分に知りながら、慌てて書いたために、いわば昔の癖が出てしまったわけである。

現在、新聞・雑誌等の出版物から、この「子供」

男		女	
順位	名　前	順位	名　前
1	翔	1	さくら
2	翔太	1	優花
3	大輝	3	美咲
4	優斗	4	葉月
4	拓海	5	七海
6	海斗	5	葵
7	竜也	7	美月
8	陸	7	萌
8	蓮	9	明日香・愛美
10	一輝・健太・竜		詩織・彩夏・彩乃

2000年生まれの名前

〈「2000年生まれの名前ベスト100」/明治生命　参照〉

はかなり消えている、と言える。子どものものや、子どもに関わる問題を叙述するのに、平仮名表記のほうが妥当という意識が一般化してきたからである。

しかし、ちょっと注意を向けてみると、まだまだ、ハッとするような所に「子供」表記のあることに気づくものだ。ちなみに、ディレクター氏と出会ったその日の新聞に目配りしただけで、「子供の権利を考える」等という家庭欄の見出しを発見してしまう。記事は実に厳粛な内容でありながら、この見出しの後では、何となくちぐはぐな印象を持ってしまうものである。

加えて、そばにあったその月のある月刊誌の、子どもに関する問題を特集した編集後記にも、「子供のころの気持に帰って……」とあったのである。過去の時代の家長支配の家族主義を皮肉って書いたとは、どうしても深読みできるものではなかった。おそらく、いわば「うっかりして」書いてしまったのであろう。

実を言うと、児童学科に所属している私は、毎年、新入生に「アナタハ、コドモヲ、ドノヨウニ、ヒョウキシマスカ。『子ども』派ですか。あるいは『子供』派ですか。」と質問することにしている。そして、過半数が漢字表記「子供」というのが例年の結果である。漢字使用は、知的水準の高さをも示しているのであろうが、私はここから講義をスタートさせる。平仮名表記のやさしさは、児童に対する心の優しさに通じている。これからは「子ども」と書くようにと、少々気障（きざ）に始めるのである。

学業や運動能力の評価にしても、生活面での種々の規則や拘束に対する姿勢の評価にしても、「子ども」という発想で考えることを勧めるのだ。つまり、おとなの小型なり、力のない者を上から眺めるなりといった意味を含む「子供」の発想ではなく、一人ひとりを注意深く見つめる態度に近づき得ると考えるからだ。

たとえて言うならば、校則などを守るからよい、守らないから悪いというだけの、「二値的価値」の押しつけに含まれる理不尽に気づいたりするものだ。守ると守らないの間には、子どもの数だけの多様なゆらめきが隠されているはずである。そして、そのゆらめきをとらえる目には、子ども一人ひとりの人間性の輝きに触れる機会が生ずるというわけである。

「多値的価値」を押し売りするつもりはないが、まずは、ゆらめきに共感しようとする繊細で熱い思いを持ちたいものである。そこにこそ、子どもと共に生きている者としての自然さがあるように思えるのだ。

（読売新聞「論点」　一九九〇・八・二五）

右は、十年程前のことだが、「読売新聞」に寄稿した一文である。要約すると、意識すればいとも単純に解決できるようなことが、無意識のうちに言ってしまうと、知らぬ間に人を深く傷つけてしまう、というようなことである。

冒頭に書いたような犬や猫の死も、気づかぬままでいることのほうが多いであろう。あるいは、気づかないふりをしてしまうことがあるかもしれない。

まず、そんな地平から、子どもと子どもを取り巻く状況について、真正面から考えていきたいものである。

子どものあそびと絵本　目次

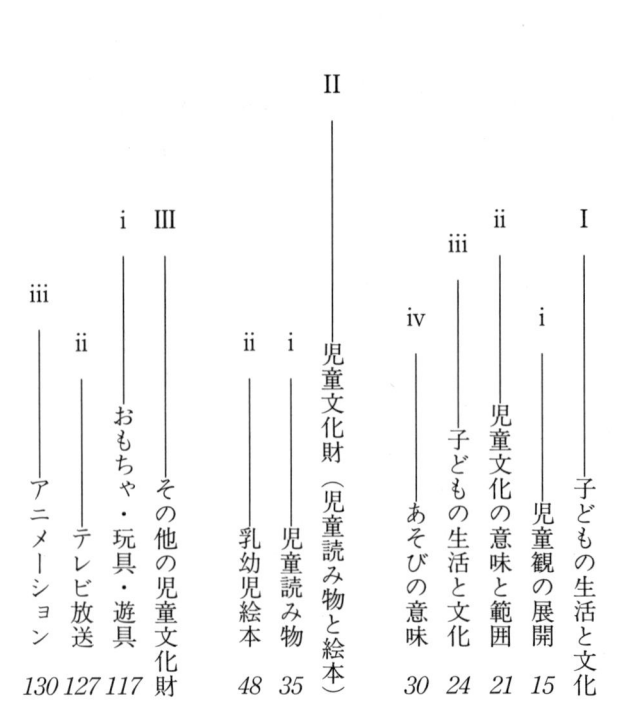

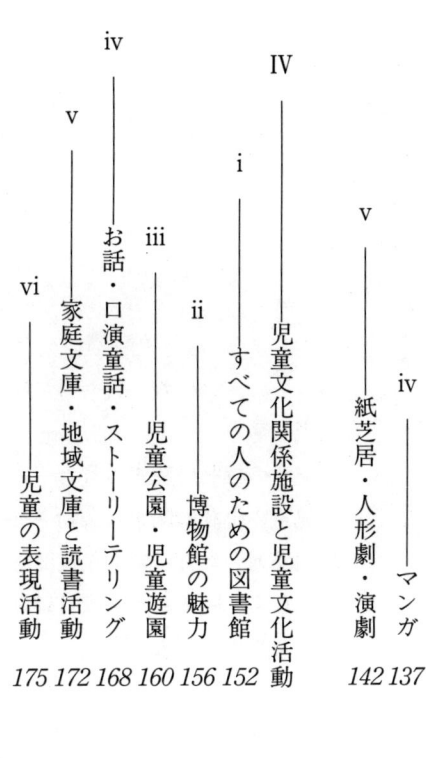

〈 資 料 目 次 〉

I　子どもの生活と文化

i　児童観の展開

貝原益軒（一六三〇―一七一四）の著した「和俗童子訓」（一七一〇）は、日本の教育書としては最も早い時期の一巻と言われている。女子への教育を含めて、教育を大衆化するに至ったこの書は、近代的な児童観の萌芽を内包していたと言える。益軒は、儒学者であり、また医学者でもあった。それだけにこの教育書も、児童の発達を根拠として述べた、客観性を持った著作であった。

また、益軒は、「随年教法」をモチーフに、発達に則した教材の選択、指導法の変化等を記している。もちろん、「男女七歳にして席を同じくせず」とか、「女性は家では父に、婚家では夫に、子どもが成長すれば子どもに仕える」と書くあたりには、封建時代を支える論理があったこともうかがい知ることはできる。

日本で、児童固有の人格が発見されるのは、明治二〇年前後のことである。近代的な教育観や宗教観が欧米から移植されるにつれて、日本での児童観も新たな展開を迎えることになる。益軒の論理は、その一世紀半ほど前に当たるが、近代の学校制度との共通性を感ずるほど新鮮なものである。益軒に通ずる進歩性は、ほかの随筆・俳句・和歌等の文芸作品にも幾ばくかは存在していた。

児童の存在に深く着目し、自然主義教育を主張したルソー（Jean Jacques Rousseau　一七一二―一七七八）は、児童観に最も早く近代性を持ち込んだ思想家である。その名著「エミール」（一七六二）は、エミールという主人公の子どもを設定し、その成長と指導とを物語ったものである。その一節を引用する。

> わたしたちにはどうしても書物が必要だというなら、わたしの考えでは、自然教育のもっともよくできた概説を提供する一巻の書物が存在するのだ。この本はわたしのエミールが読むはじめての本になるだろう。（中略）わたしたちの趣味がそこなわれないかぎり、それを読むことはいつもわたしたちを楽しませるだろう。いったい、そのすばらしい本とはどんな本なのか。アリストテレスか、プリニウスかビュフォンか、いや、ロビンソン・クルーソーだ。

デフォー（Daniel Defoe　一六六〇―一七三一）の「ロビンソン・クルーソー」（一九一七）をたたえる、本来の児童性を尊重する見事な論旨であった。

ともあれ、日本においての児童観で「近代」と言えるのは、やはり明治二〇年頃からである。

植木枝盛（一八五七―一八九二）は、「親子論」や「育幼論」を著し、当時の家族制度を批判し、家長の従属物ではない、子ども自身の独立した人格と権利を主張した。自由民権運動にも関わりを持っていた植木は、社会的視野から「家」の持つ封建的性格からの脱却を図ろうとしたのである。

また、同時期の若松賤子（一八六四―一八九六）は、「小公子」（F・H・Burnett　一八四九―一九二四）の翻訳で著名だが、その序文や、当時の婦人雑誌である「女学雑誌」での諸論考を通じて、キリスト教の立場から、児童を固有の人格を持つ存在として、世の女性たちに訴えた。児童は生れながらにして天賦の尊厳を持つという訴えであった。

このような、児童の人格の発見によって、児童性に深く着目する目が開かれ、児童にふさわしい教育のプログラムや、教材、娯楽が検討され始めるのである。児童読み物の近代的誕生は、その画期的な現れであった。つまり、児童独自の文化という認識による具体化である。児童の投書雑誌や、『こがね丸』（巌谷小波　一八九一）、『少年之玉』（三輪弘忠　一八九〇）の登場である。

この児童性の発見の後、明治時代も後期に入ると、また新たな動きが生ずる。「乳房なき児童」（「平民新聞」　一九〇七）を書いた田添鉄二の活動は、その顕著なものであった。

自然の乳房を掠奪したる社会は、自ら手を下して、其生める子女の身体に、救治すべからざる病毒を注射しつつあるのである。

「乳房なき児童」にこのように記した田添は、貧しい階層の児童の救済には社会変革が必要であるとアピールした。彼は、貧しい階層の児童にとってこそ、児童の人格の発見は緊急の課題であると考えたのである。

このような社会的視野を持つ児童観は、次の時代には、さらに緻密なものとなっていく。西山哲次は、その著『子供の権利』（一九一八）において、児童の権利を次のように分析している。

子供には三つの天与の権利がある。第一には善良に産んで貰う権利である。第二には善良に養育して貰う権利である。第三にはよく教育して貰う権利である。

このように、児童の持つ権利が論理的に主張される時代へと向かうのである。

スウェーデンのエレン・ケイ（E・key　一八四九―一九二六）の『児童の世紀』（一九〇〇）等の主張が反映されるのは、明治末から大正期にかけてである。このケイの影響を真正面から受けたのは、何と言っても平塚らいてう（一八八六―一九七一）である。

らいてうは、ケイと同じように、女性解放論者として、「青鞜」を通じて女性の権利を主張していくが、この女性の権利が子どもの誕生によって抑制を受けると考えたのである。子どももも、女性と同じく、生れながらにして「誕生」・「養育」・「教育」の権利を持っているわけで、その豊かさを傷つけることは、たとえ母親であってもできないと考えたのである。

大正時代も中期に入ると、児童の持つ権利はさらに細やかにとらえられ、具体的展開がなされる。児童の持つ、望むように豊かに教育を受ける権利が、大正デモクラシーの波に乗って、一人ひとりの個性の尊重にまで及ぶのである。

成城小学校は、この新しい息吹のもとに創設された。沢柳政太郎（一八六五―一九二七）の指導のもとに書かれた、一九一七年四月四日の「創設趣意」には、「個性尊重の教育」・「自然と親しむ教育」・「心情の教育」・「科学的研究を基とする教育」がうたわれていた。

鈴木三重吉（一八八二―一九三六）の「赤い鳥」による童話童謡の運動、片上伸の文芸教育論、山本鼎（一八八二―一九四六）の自由画教育の方向等、みな個性尊重の時代の産物でもあった。ただし、児童性を高く評価するところに、現実の児童を超えて観念的になってしまうという、いわゆる童心主義の功罪も現れてくるのである。

そしてこの観念性が、社会主義的変革を企図する慎本楠郎（一八九八―一九五六）等のプロレタリア児童文学運動の担い手たちに批判されることになる。彼らは、社会的存在として児童をとらえ、社会の一員としての児童に多くの期待を寄せようとする、より現実的な児童観を持っていた。

この鋭い視点を持った活動も、当時の軍国主義化した体制の前に挫折していく。しかし、矛盾に満ちた時代であっただけに、明日へ向かって生きる児童に対する期待は大きかった。社会的存在としての児童というリアルな認識に立ちつつ、どんな時代にも確かな目で周辺を見つめる生き方を児童に求めたのであった。

いわゆる生活綴り方の運動がそれである。ここでは「社会的変革」というような語は消えたが、しっかりと自らの生活を見、その中にある不正や歪みや偏見から目をそらさない姿勢を培うことを願ったのである。小砂丘忠義（一八九七―一九二七）が、その活動の支柱であった。

このリアリスティックな児童観は、大戦後、そして現在にかけても意味を失ってはいない。

ii　児童文化の意味と範囲

「文化（Culture）」とは、「Cultivate（耕す）」を語源としており、人類の英知による新たな鍬入れを意味している。有史以来、人類は、理想に思いをめぐらしつつ、鍬入れを繰り返してきた。

そして、「児童文化（Child Culture）」とは、その文化をベースに、児童を対象とする、あるいは結果としてそうなる文化の総体を意味しており、文化と同じく、広大な範囲に目配りをするということになる。

最近、「ちびくろさんぼ」（H・Bannerman『Little Black Sambo』）論争が繰り返され、結論として、その時代の終焉を迎えることになった。

作者バンナーマンは、イギリス軍人の妻として植民地インドに渡り、そこで見聞した興味ある事柄をもとに、子ども宛の手紙としてこの絵本の原型を創作した。

一八九七年に出版されたこの絵本は、一気に世界中を駆け巡るほどに人気を得て、世界中の幼児たちの楽しむところとなった。

ところがアメリカで、「ちびくろさんぼ」にある、おもしろおかしさを誇張した部分が、人種への偏見であると批判される的となり、その後、各州の児童図書館から追放すらされてしまうのである。

日本では、「岩波の子どもの本」シリーズの出版された一九五三年から問題化するまで、「ちびくろさんぼ」は、楽しい欧米絵本のモデルとして評価され、幼児たちに推薦されたものであった。

しかし、人種に対する歪んだ感覚が問われ始めた一九八〇年代末、岩波書店を始め、関係した各出版社は、アメリカの批判を反映しつつ、日本の児童にとって「ちびくろさんぼ」の必然性はないとし、絶版する意思を示したのである。

真摯に楽しく黒人の子どもたちを描き続ける絵本作家、キーツ（E・J・Keats　一九一六—一九八三）の存在があっただけに、「ちびくろさんぼ」の絶版は、さほど難しいことではなかったようである。

幼児に与えるのに最も適切で楽しい絵本であると、高く評価されていたものが、時を経て否定されるということは、実に悲しいことである。しかし、児童文化という視野で考える時、児童の豊かな未来を見つめようとする時、このような転変は常に起り得るものと考えなければならない。

児童文化を考察する角度には、この「ちびくろさんぼ」論争にあるように、理想主義を骨格とする思想がある。この感覚こそが、児童文化を支える思想のベースである。

理想主義を根底に据える児童文化は、児童文学・児童映画・児童演劇・児童図書・玩具等の児童文化財と、それを生み出すプロセス、児童文化の理想へと向かう試みである児童文化活動、活動の場である児童文化施設、そして、それらすべてを支える関係法規や制度も含めて、その範囲とする。

iii　子どもの生活と文化

「子どものための世界サミット」が、ニューヨーク国連本部で一五九か国の政府代表を迎えて開催されたのは、一九九〇年九月三〇日のことである。その席上、一九九〇年から二〇〇〇年までの人類の全般的目標、そして、女児と女性の保護・栄養・健康・教育の分野についての指標が採決された。

その中の全般的目標と、教育についての目標を次に掲げる。

〈全般的目標〉

・五歳未満児死亡率を現在の三分の二か、出生一〇〇〇人当り七〇以下のどちらか低い方まで下げる。

・妊産婦死亡率を半分に減らす。

〈写真協力〉日本ユニセフ協会
エチオピアの子どもたち

・五歳未満児の中・重度の栄養不良を半分に減らす。
・すべての家族に安全な水と衛生施設を提供する。
・すべての子どもが基礎教育を受けられるようにし、少なくとも八〇％が初等教育を修了できるようにする。
・成人非識字率を半減し教育の機会の男女差をなくす。
・特に困難な状況の下にある子どもを保護し、すべての国が「児童の権利に関する条約」を批准し、施行する。一九九〇年代には、戦時下にある国の子どもに、特別の保護を与える。

〈教育に関する目標〉

・初等学校教育および同等の学校外教育の普及に加えて、幅広く利用できるようになっている情報伝達の手段を活用して、家族の健康、幼児の育成、食糧の生産、労働負担の軽減、環境保護など、生きていくうえでの不可欠の知識と生活技術をすべての家族が手に入れられるようにする。

（「二〇〇〇年の目標」『世界子供白書一九九二』／日本ユニセフ協会刊　参照）

これらは、子どもの権利や家族生活に最低限必要なものを保障していこうとするものであり、同時に、前に国連で採択された「児童の権利に関する条約」(Convention on the Rights of the Child 一九八九・十二)の未締約国に対し、早期批准を求める論旨でもある。

日本で生活する者にとって、ここに述べられていることは、あまり切迫した問題ではないかもしれない。欲望の対象となる物がほとんど努力なしに入手できる環境にあって、楽天的な意識が培われたと言えるかもしれない。

しかし、少しばかり視野を広くして見るべきであろう。地球スケールで考えるべき時代にあると言ったほうがよいであろうか。現代は、外国の情報も瞬時に伝達されてくるわけで、それを現実感を持ってとらえ、可能ならば、それを自らの生活に取り込む勇気も必要であろう。

「子どものための世界サミット」の主テーマは、「子どもの生存、保護および発達に関する世界宣言」であった。

世界の子どもは、無垢で、脆弱で、他者に依存している。子どもは、また、好奇心が強く、活動的で、希望に満ちている。子どもは喜びに満ちた平和な時間を過ごしながら、遊び、学び、成長することができなければならない。子どもの未来は、調和と協力のうちに形成しなければならない。子どもは視野を広げ、新たな新鮮な経験をしつつ成長しなければならない。しかし、多くの子どもにとって、現実の生活はまったく違ったものである。

子どもの存在の本質的把握に立脚した、実に見事な冒頭である。

子どもの福祉には最高レベルの政治行動が必要である。我々は断固としてこの行動を取る決意である。我々は子どもの権利、生存、保護、発達に高い優先順位を与える厳粛な決意をここに表明する。

（『世界子供白書一九九二』／日本ユニセフ協会刊　参照）

何とも荘重な宣言である。この宣言は、日本の首相を始め、七〇か国以上の首相・大統領、そして九〇か国あまりの各国の代表者が集まっての、共通した見解と行動への約束であった。そして、「この約束を実行するために、国内計画の優先順位の一環として、必要な資源を供する用意がある」とし、さらに、「我々の世代のためだけでなく、将来のすべての世代のために以上のことを行うものである。すべての子どもによりよい未来を保障することよりも崇高な任務は他にはない」と、具体的行動を約束し、結論としている。

子どもと子どもの将来を思う時、このように燃えるような理想主義を見失うべきではない。このサミットの宣言は、二十一世紀へ向けて、私たちが実行する理想への最初のステップと言わなければならない。

左の表は、乳幼児の実態や就学率についての国連の調査である。

この地球上の真実をしっかりと見極めなければならない。その上で、世界の子どもたちが生き長らえてくれることを考えなければならない。そして、できるならば、二十一世紀へ向けての着実な展望を開きたいものである。日本は、一九九四年五月に条約を比准したが、その実現に向けて最高の智恵と行動力を発揮したいものである。

児童文化学は、児童を中心に据えて人類の理想を考える学問である。現実的な運動であるとさえ言えるであろう。

〈写真協力〉日本ユニセフ協会

5歳未満児死亡率の順位	5歳未満児死亡率		乳児死亡率（1歳未満）		総人口(1000人)	年間出生数(1000人)	5歳未満児の年間死亡数（1000人）	1人当たりのGNP（米ドル）	出生時の平均余命（年）	成人の総識字率（%）	小学校総就学率（%）	世帯当たりの所得の分布（%）1990-97*	
	1960	1999	1960	1999	1999	1999	1999	1999	1999	1995-99*	1995-99*	最下位40%	最上位20%
1 シエラレオネ	390	316	220	182	4717	214	68	130	39	32	50x	3x	63x
2 アンゴラ	345	295	208	172	12479	595	176	220	48	42x	88x	-	-
3 ニジェール	354	275	211	162	10400	497	137	190	49	13	32	10	53
4 アフガニスタン	360	257	215	165	21923	1139	293	250x	46	32	29	-	-
5 リベリア	288	235	190	157	2930	129	30	490x	50	25	56	-	-
5 マリ	517	235	293	143	10960	507	119	240	54	29	50	13	56
7 ソマリア	294	211	175	125	9672	500	106	120x	48	24x	14x	-	-
7 マラウイ	361	211	205	132	10640	497	105	190	40	42	135	-	-
9 コンゴ民主共和国	302	207	175	128	50335	2293	475	110x	52	67	61	-	-
10 モザンビーク	313	203	180	127	19286	826	168	230	42	38	76	-	-
11 ザンビア	213	202	126	112	8976	377	76	320	41	68	101	12	55
12 ギニアビサウ	336	200	200	128	1187	49	10	160	45	32	69	9	59
13 ブルキナファソ	315	199	181	106	11616	530	105	240	45	19	41	14	55
14 チャド	325	198	195	118	7458	323	64	200	48	33	65	-	-
15 ナイジェリア	207	187	123	112	108945	4176	781	310	50	57	70	13	49
16 モーリタニア	310	183	180	120	2598	104	19	380	54	46	86	17	46
17 ギニア	380	181	215	115	7360	312	56	510	47	35	54	17	47
18 ルワンダ	210	180	124	110	7235	295	53	250	41	53	88	23x	39x
19 ブルンジ	255	176	151	106	6565	273	48	120	43	37	62	-	-
19 エチオピア	269	176	180	118	61095	2699	475	100	44	33	42	18	48
21 中央アフリカ	327	172	187	113	3550	132	23	290	45	40	61	-	-
22 コートジボワール	290	171	195	102	14526	540	92	710	47	50	71	18x	44x
23 赤道ギニア	316	160	188	105	442	18	3	1170	51	78	128	-	-
24 ベニン	300	156	176	99	5937	242	38	380	54	30	76	-	-
24 マダガスカル	364	156	219	95	15497	604	94	250	58	47	104	15	52
26 カメルーン	255	154	151	95	14693	573	88	580	54	63	82	-	-
27 ジブチ	289	149	186	104	629	23	3	790	51	57	39	-	-
28 ガボン	287	143	171	85	1197	44	6	3350	52	63	132	-	-
28 トーゴ	267	143	158	80	4512	185	26	320	49	52	103	-	-
30 タンザニア	240	141	142	90	32793	1332	188	240	48	84	76	18	46
31 レソト	203	134	137	93	2108	73	10	550	54	81	94	9x	60x
32 ウガンダ	224	131	133	83	21143	1081	142	320	42	62	122	18	46
33 ハイチ	253	129	169	83	8087	255	33	460	54	44	126	-	-
34 イラク	171	128	117	104	22450	804	103	2170x	65	58	107	-	-
35 カンボジア	-	122	-	86	10945	360	44	260	54	68	90	-	-
⋮	⋮	⋮	⋮	⋮	⋮	⋮	⋮	⋮	⋮	⋮	⋮	⋮	⋮
175 アイスランド	22	5	17	5	279	4	0	29280	79	-	98	-	-
175 オーストラリア	24	5	20	5	18705	245	1	20050	78	-	101	19x	41x
175 オーストリア	43	5	37	4	8177	81	0	25970	77	-	103	25x	33x
175 オランダ	22	5	18	5	15735	176	1	24320	78	-	103	21	40
175 韓国	127	5	90	5	46480	681	3	8490	73	99	98	20x	42x
175 チェコ	25	5	22	5	10262	88	0	5060	74	-	104	24	37
175 デンマーク	25	5	22	4	5282	63	0	32030	76	-	101	25	35
175 ドイツ	40	5	34	5	82178	736	4	25350	77	-	104	23x	37x
175 フィンランド	28	5	22	4	5165	57	0	23780	77	-	99	24	36
175 フランス	34	5	29	5	58886	711	4	23480	78	-	105	20x	40x
175 モナコ	-	5	-	5	33	0	0	d	-	-	-	-	-
175 ルクセンブルク	41	5	33	5	426	5	0	44640	77	-	99x	-	-
187 スウェーデン	20	4	16	3	8892	86	0	25040	79	-	103	24	35
187 スイス	27	4	22	3	7344	79	0	38350	79	81x	107x	19x	44x
187 日本	40	4	31	4	126505	1271	5	32230	80	-	102	22x	38x
187 ノルウェー	23	4	19	4	4442	57	0	32880	78	-	100	24	35

注 -はデータなし

基本統計

〈「世界子ども白書」2000/日本ユニセフ協会　参照〉

iv　あそびの意味

「あそび」についての学問的追求は、古くは心理学者、新しくはホイジンガ（Johan Huizinga　一八七二―一九四五）を始めとする文化人類学者の論考にめざましいものがある。

一九三三年にオランダのライデン大学総長に就任したホイジンガは、就任の演説で「文化におけるあそびと真面目さとの限界」を語り、数年後に、「ホモ・ルーデンス（Homo Ludens）」（『ホモ・ルーデンス―人類文化と遊戯』一九三八（高橋英夫訳／中央公論社　一九六三））として出版している。

> すべての遊戯はまず第一に、また何にもまして、一つの自由な行動である。命令されてする遊戯、そんなものはもう遊戯ではない。

「ホモ・ルーデンス（あそぶ人間）」の著者は、このように、

小学生・中学生・高校生のけいこごと（スポーツは除く）に通っている比率（平成10年度）

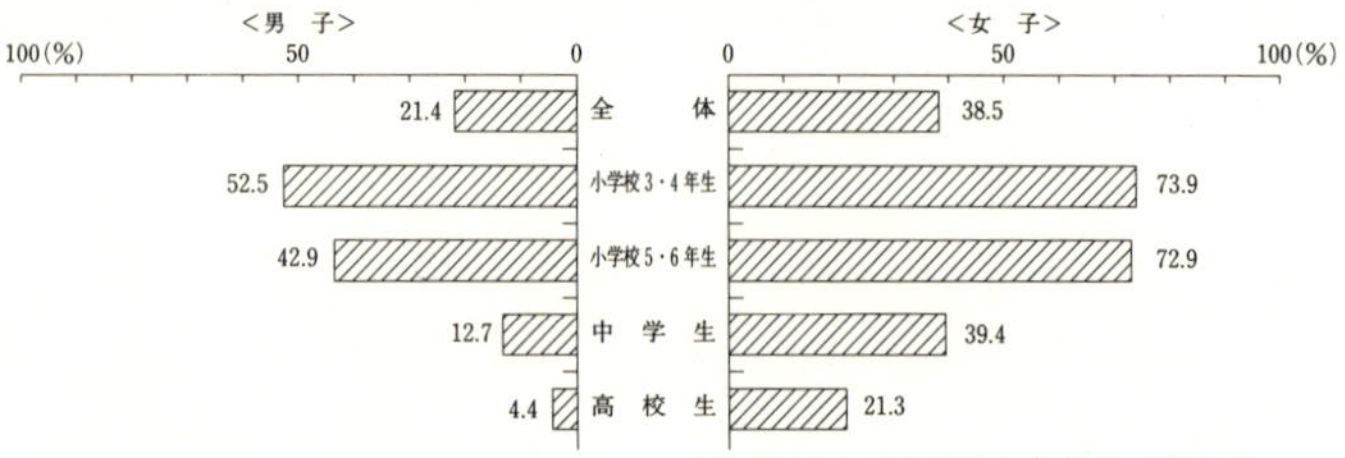

（注）調査対象は全国10都県の小学校，中学校，および高等学校のサーベイランス協力校計45校。平成10年4月～平成11年2月調査。

資料：財団法人日本学校保健会「平成10年度児童生徒の健康状態サーベイランス事業報告書」2000

「日本子ども資料年鑑2001」より

何ものからも解き放たれたあそびに重い価値を見出している。

　どちらかと言うと勤勉で、生まじめに生産的な仕事や学習に打ち込むことを得意とする日本人は、過去の時代においては、あそびを罪悪視する傾向があった。現代になってから、少しずつあそびへの関心と理解が深まってきたわけであるが、これにはホイジンガを始め、あそびを論じる思想家の影響によるところが大である。

　このホイジンガの理論を受け継ぎ、さらに積極的にあそびを評価したのが、フランスの思想家ロジェ・カイヨワ（A・R・Cailloris　一九一三―）であった。カイヨワは、著書『遊びと人間』（一九五八）の中で、ホイジンガの論理を整理しつつ、次のような見解を述べている。

　遊びが、制度的な存在と私が呼ぶものを獲得する時から、遊びとルールとは不可分のものになる。この瞬間から、ルールは遊びの本性の一部分になる。遊びを、文化の豊かで決定的

小学生（5・6年生）の1週間の通塾日数（1995）

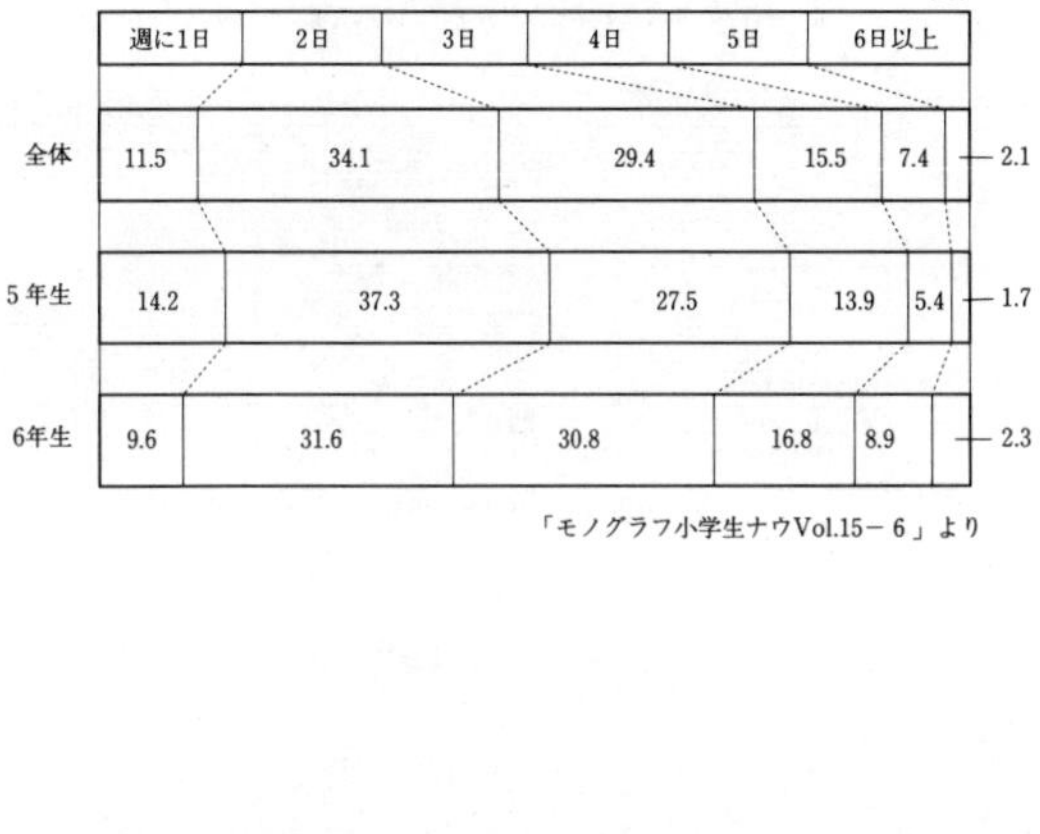

「モノグラフ小学生ナウVol.15－6」より

な道具に変えるものは、ルールである。しかしながら、遊びの源泉には、依然として根本的理由がある。すなわち解放の欲求があり、それと並んで、気晴しと気侭の欲求がある。この自由こそ、遊びにとって不可欠の動因であり、いかに複雑で厳密な構造の遊びであっても、その源には、この自由がある。………文明推進の力を持つと言っても過言ではないような、さまざまの遊びを生みだしている。事実、遊びは、一つの文化の道徳的および知的な価値を表わす。

（『遊びと人間』清水幾太郎他　訳／岩波書店　一九七〇）

カイヨワは、「遊びは文明の根拠を成す」と語っているように、あそびの積極的な意味合いを評価するのである。

しかしながら、現代の子どもたちには、自由なあそびの時間はごくわずかしか残されていないようである。

小学生・中学生・高校生の学校から帰宅後，室内で過ごした状況（平成10年度）

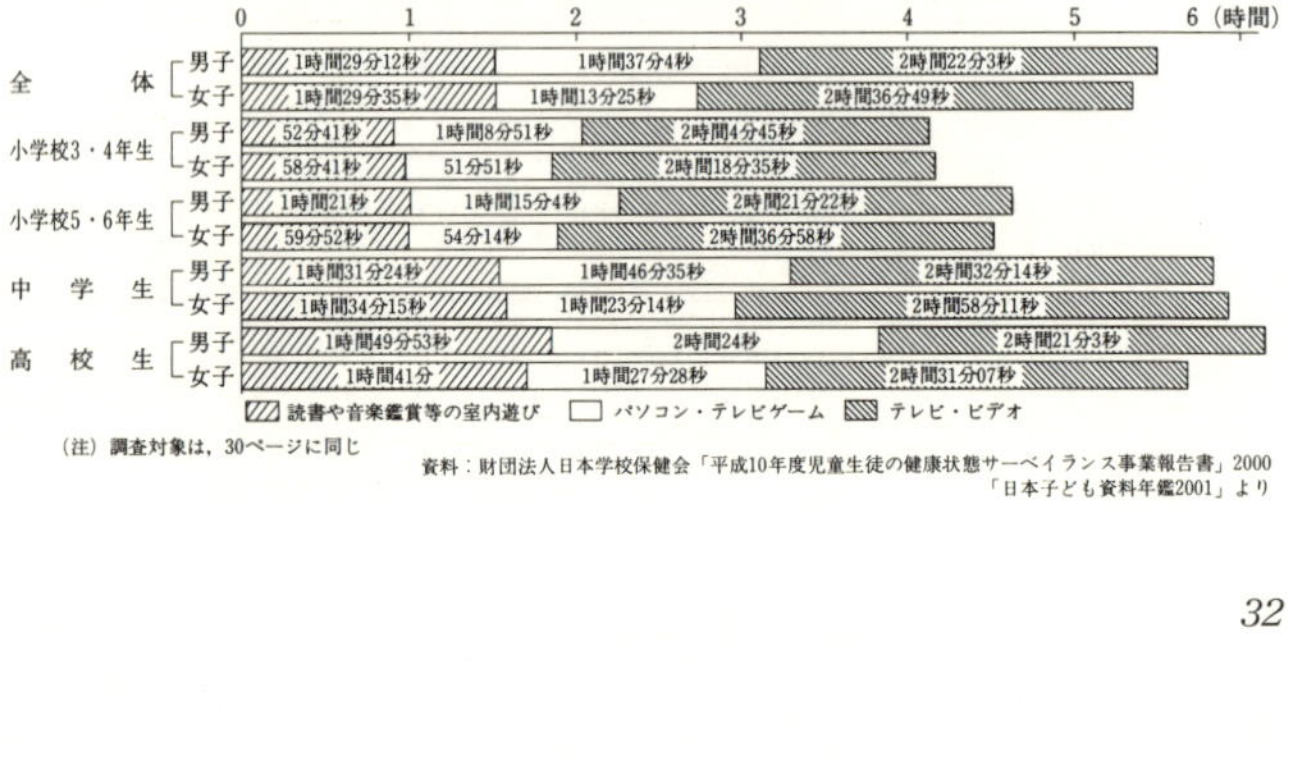

（注）調査対象は，30ページに同じ

資料：財団法人日本学校保健会「平成10年度児童生徒の健康状態サーベイランス事業報告書」2000
「日本子ども資料年鑑2001」より

II　児童文化財（児童読み物と絵本）

巖谷小波『こがね丸』

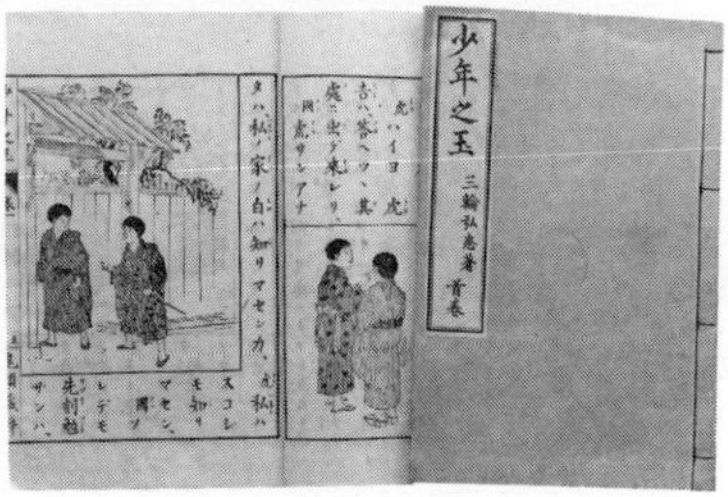

三輪弘忠『少年之玉』

i　児童読み物

児童対象の読み物としては、児童文学・絵本・マンガ・ノンフィクション等の児童書・雑誌、そして児童に関わる新聞等を挙げることができる。

この児童読み物の領域は、子どもの文化の中でも固有の歴史的展開を持った、成熟度の高い分野である。

(1)　児童文学

対象読者を想定する近代児童文学の先駆けは、『少年之玉』(三輪弘忠　一八九〇・十一)と『こがね丸』(巌谷小波　一八九一・一)であった。欠陥はあったものの、明治期の子どもたちの感情を意識した、理解しやすく魅力あふれる物語であった。

巌谷小波(一八七〇—一九三三)は、『こがね丸』発表の後、専門の児童文学者として、明治時代の子どもの読み物の世界をリードしていく。そして小波は、自らの読み物を「お伽噺」と称して、娯楽重視の姿勢を貫いたのである。

明治末になると、この小波のお伽噺を批判し、芸術性を志向する動きが生じてくる。その推進者は、小川未明(一八八二—一九六一)であった。未明は、処女童話集『赤い船』(一九

小川未明『赤い蝋燭と人魚』
／ほるぷ出版

北原白秋の童謡集と楽譜

一〇）をスタートとし、次々と名作を生み出していった。「金の輪」・「野ばら」・「赤い蠟燭と人魚」等である。未明の主張する「童心主義」が大正期の童話・童謡の隆盛期を支え、そして、雑誌「赤い鳥」（一九一八・七）が誕生するのである。鈴木三重吉による「赤い鳥」は、多くの文学者たちの作品発表の場となり、さらに、新人作家の登竜門にもなっていく。「蜘蛛の糸」（芥川龍之介　一九一八）、「一房の葡萄」（有島武郎　一九二〇）、「実さんの胡弓」（佐藤春夫　一九二三）等の傑作童話が生まれ、北原白秋の童謡（山田耕筰　曲）も、「赤い鳥」を舞台に、次々と発表されていくのである。またその一方で、「赤い鳥」の童心主義は、現実の児童の心理や生活実態を忘れていると、社会的批判を受けることにもなる。

　その同時代にありながら、『注文の多い料理店』（一九二四）や『銀河鉄道の夜』等、宮沢賢治（一八九六―一九三三）の童話は、大正期の童話にはない独自性を持っていた。宮沢賢治は、詩人としてもオーソドックスな詩史の中にはその位置を明らかにすることが難しい、弧高の質を主張していた文学者であった。

大正時代においては、童話・童謡に加え、童画の成熟に目を見張るものがある。童画とは、児童対象の挿絵や絵本の絵のことである。たとえば、武井武雄・初山滋・岡本帰一等の個性的で伸びやかな絵が、子どもの本に豊かな情感を持たせた。また、「子供之友」（一九一四）、「コドモノクニ」（一九二二）、「コドモアサヒ」（一九二七）、そして「キンダーブック」（一九二八）等の幼児絵雑誌が充実したのは、この童画の功績であろう。

また、幼児対象と言えば、幼年童話の領域を人生的な深みあるものにした、浜田広介（一八九三―一九七三）を忘れることができない。「泣いた赤鬼」・「五匹のやもり」等はその傑作である。

宮沢賢治『注文の多い料理店』

昭和に入ると、メルヘン風な大正期童話が批判され、社会性のある散文が期待された。プロレタリア児童文学の運動は、子どもを社会的存在として描くことと、客体化して描いていくリアリズムの文体を志向したのである。これは、槇本楠郎（一八九四―一九五六）の理論を掲げて進められた運動であったが、読者の心に迫るような文学作品が創造されなかったことと、軍国

新美南吉『ごんぎつね』／ポプラ社

主義の余波によって衰退していく。

その後、リアリズムの文体は、『善太と三平の話』等の坪田譲治（一八九〇―一九八二）によって、文学としての香りを獲得することになる。

また、大戦末に早逝した新美南吉（一九一三―一九四三）は、「ごんぎつね」等、メルヘン調の中に近代的知性と心理の襞を描き込んでいた。

大戦後、児童文学は、戦時中の抑圧をはねのけ、民主主義を語り始めた。たとえば、壷井栄（一九〇〇―一九六七）の『二十四の瞳』（一九五二）、竹山道雄（一九〇三―一九八四）の『ビルマの竪琴』（一九四八）、石井桃子（一九〇七―）の『ノンちゃん雲に乗る』（一九四七）等、従来にない長編作品の台頭が目立ってくる。

現代児童文学は、一九六〇年前後から述べられるのが普通だが、これは、その当時が、それまで日本の児童文学の主流であった童話を総括し、それをバネとした新しい作品が誕生した時期であったからである。

石森延男（一八九七―一九八七）の『コタンの笛』（一九五七）、いぬいとみこの『木かげの家の小人たち』（一九五九）、佐藤さとるの『だれも知らない小さな国』（一五五九）、さらに、松谷みよ子の『龍の子太郎』（一九六〇）、今江祥智（一九三二―）の『山のむこうは青い海だった』（一九六〇）、寺村輝夫（一九二八―）の『ぼくは王さま』（一九六一）、神沢利子（一九二四―）の『ちびっ子カムのぼうけん』（一九六一）等が、その新しい動きであった。テレビの進出、人気マンガの登場といった文化の視覚化の中で、児童文学も、読者に愛される作品を求め、真剣な模索を繰り返した。

それまで、世界的な名作、アンデルセン童話や、「フランダースの犬」（ウィーダ）、「小公子」（バーネット）、「クオレ」（アミーチス）、「ピノキオ」（コロディ）、「若草物語」（オルコット）、「赤毛のアン」（モンゴメリ）等が主流であったところへ、少しずつ日本の新しい児童文学が進出してくる。

そして現在、斎藤隆介（一九一七―一九八五）の『ベロ出しチョンマ』（一九六七）、斎藤惇夫（一九四〇―）の『冒険者たち』（一九七二）、舟崎克彦（一九四五―）の『ぽっぺん先生の日曜日』（一九七三）、灰谷健次郎（一九三四―）の『兎の眼』（一九七四）、安房直子（一九四三―）の『ハンカチの上の花畑』（一九七二）等の児童文学作品が、児童の読書欲を満たしているのである。

また、ノンフィクション領域では、従来から児童が愛好してきた伝記類に加えて、自然科学・社会科学系統の読み物の充実が目立ってきている。中でも、ビジュアルなページを多く持つ植物・動物、そして環境についての児童書には、目を見張るような楽しく鋭い内容を持つものが増えている。

ところで、児童文学は、明治時代に「少年文学」・「お伽噺」と呼ばれ、大正期に「童話」、昭和期に入ってからは「児童文学」と、呼称の変遷があった。

斎藤隆介『ベロ出しチョンマ』／理論社

「少年文学」と「お伽噺」は、近代的児童文学の創始者、巌谷小波の命名と言うべきであろう。「少年文学」は、小波著『こがね丸』の序に「少年用文学との意味にてドイツ語のJugendschrift（Juvenile Literature）より来れる」とあるように、翻訳語であった。「お伽噺」は、「お伽」という古典語に娯楽性を盛り込み、彼が編集した児童雑誌「少年世界」や著書「日本お伽噺」等のシリーズものにつけたものである。

「童話」は、お伽噺に芸術性を持たせようとする気運の中から自然に発生したが、小川未明の芸術的運動によるところも大きい。ドイツ語のメルヘン（Märchen）に近いニュアンスを持っていた。

「児童文学（Children's Literature）」は、より散文的な文芸を意味し、児童対象の種々のジャンルを包含する語として、昭和十年代に定着した。

そのほか、現在使われている児童文学に関する語としては、「神話（Myth）」・「伝説（Tradition）」・「民話（Folk Tale）」・「妖精物語（Fairy Tale）」・「空想物語（Fantasy）」、そして「昔話」等がある。その中で「民話」は、伝説・昔話・世間話等の意味合いを含んで使われることが多いことを付記しておきたい。

(2) こどもの歌

初期の音楽教育の場では、その素材として編集された『小学唱歌集』（全三冊／文部省 一九八一—一九八六）、『幼稚園唱歌集』（文部省 一八八七）にあるように、欧米のメロディを移植し、そこに道徳教育に資するような歌詞がつけられたものが多かった。

その後、そういった唱歌を否定し、児童の発達と生活を根拠とした歌が求められるようになり、「あわて床屋」・「砂山」・「ペチカ」の北原白秋を中心とした「童謡」が起こってくる。いわゆる童心童語の歌謡である。白秋のほかに、「赤とんぼ」の三木露風（一八八九—一九六四）、「青い眼の人形」の野口雨情（一八八二—一九四五）、「かなりや」の西条八十（一八九二—一九七〇）等が活躍する。

『小学唱歌集』

その後、昭和時代には、「百舌よ泣くな」のサトウハチロー（一九〇三―一九七三）、「たきび」の巽聖歌（一九〇五―一九七三）等、散文詩的要素を強くしていくのである。

これら大正時代から昭和の初めにかけての白秋を中心とした童謡は、山田耕筰（一八八六―一九六五）のほかに、中山晋平（一八八七―一九五二）・弘田龍太郎・草川信が曲を担当していた。

昭和十年代から二十年代の大戦をはさんだ時期、レコード産業の発展もあって、「かもめの水兵さん」（竹内俊子　詞・河村紅陽　曲）、「からすの赤ちゃん」（海沼実　詞・曲）、「お猿のかごや」（山上武夫　詞・海沼実　曲）、「みかんの花咲く丘」（加藤省吾　詞・海沼実　曲）、「里の秋」（斎藤信夫　詞・海沼実　曲）等の童謡が、ラジオを通して華やかに流されたのである。

現代では、まどみちお・阪田寛夫・谷川俊太郎等の詩人と、中田喜直・大中恩・團伊玖磨等の作曲家によって、幼児にふさわしい歌作りと、日本語の美しさ、時代の新しいリズムとを求めて、創造活動が真摯に行われている。

(3)　童話の読み方　―シンデレラストーリー―

過去の話になるが、アメリカ女性の最も好んだ話は、「シンデレラ(Cinderella)」であった。平凡な心優しい少女のサクセスストーリーとして、多くの女性の夢の対象となったのである。もちろん、アメリカばかりでなく、多くの国の女性たちにとってもそうであった。幼児から小学生の少年少女たちにも、絵物語や童話、アニメーションを通じて印象深い作品であった。

とは言うものの、いわゆる「シンデレラ」に類する話は世界に四百話ほどあり、どのストーリーと出会って夢をかき立てられたかは、確定できないところがある。

そこで、一般的な、フランスのシャルル・ペロー（C・Perrault　一六二八―一七〇三）、ドイツのグリム兄弟（Jakob Grimm　一七八五―一八六三、Wilhelm Grimm　一七八六―一八五九）、そしてアメリカのウォルト・ディズニー（Walt Disney　一九〇一―一九六六）の童話とアニメーションの世界を、少し比べてみることとする。多くの人にとって既知の作品であろうが、いくつかの話を比べ読みするような機会は少ないと思う。

ペローの作品「サンドリヨン（仏 Cendrillon）―あるいは小さなガラスの上靴―」（渋沢龍彦訳／河出文庫）は、結末の教訓にあるように、人間として最も大切な、心の優しさによるサクセスストーリーであった。

女性にとって美しさは、めったに得られぬ宝です。だれもがこれを賛美して飽きません。けれど、心のやさしさと呼ばれるものは、計算できないクラス、はるかにもっと大事なものです。仙女がサンドリヨンにあたえたのは、この心のやさしさでありました。（略）美しいみなさん、この贈り物は、きれいに髪を結うことなんかよりずっと大事です。

母親譲りの心の優しさを持ったサンドリヨンは、義理の母とその娘に、心から尽くし続けたわけだが、常にひどい仕打ちを受け続ける。しかし、サンドリヨンは、ガラスの靴のエピソードの後、王子と結婚することに決定しても、これまでの姉たちの行為をまるで忘れたかのように、彼女らの幸福を願うのである。

美しく着飾ったサンドリヨンを、役人は王子さまのところへつれて行きました。王子様はサンドリヨンを、これまでにもまして美しいとお思いになり、二、三回してから、めでたく結婚なさいました。サンドリヨンは美しいばかりでなく、また心のやさしい娘でしたから、ふたりの姉さんを宮殿内に住まわせ、その同じ日に、宮中の二人の大貴族と結婚するように取りはからってやりましたとさ。

ペローは、法律を専門とする役人であったが、時代を代表する教養人として、貴族の若い女性たちの家庭教師役をも務めていた。ペローの作品『童話集』（一六九七）は、まさにその女性たちに寄せるメッセージであった。

しかし、同じストーリーを書いたものでも、グリム兄弟の「灰かぶり」は、だいぶ違っている。「灰かぶり」は、ドイツ語で「Aschenputtel（アッシェンプッテル）」である。ストーリーそのものは、まったく同じと言っていいが、小道具と結末が違っている。

母親は臨終の床で、「神さまをだいじにして、それから気だてをよくしているのですよ」と言うが、このあたりの心の優しさの強調はペローと共通である。

しかし、母親の墓のそばにある木に住む白い一羽の小鳥、継母の難題に困惑した時に登場する家鳩・山鳩の群れや小鳥の存在は、ペローにはまったくない。

以下は、靴（黄金の靴）のエピソードの後、王子との婚礼部分である。

> せんに替えだまになった姉と妹がやってきて、おべっかをつかって、灰かぶりの福をわけてもらうつもりでいました。花むこ花よめが教会へ行く段どりになると、姉は右に、妹は左につきそいました。すると、二羽の鳩が、めいめいから、目玉を一つずつつつきだしました。お式が済んで、教会から出てきたときには、姉は左に妹は右につきそっていました。

すると、二羽の鳩がめいめいから、もう一つ目だまをつつきだしました。こんなわけで、ふたりの姉妹は、じぶんたちが意地わるをしたばかりに、替えだまなんぞになったばかりに、ばちがあたって、一しょうがい目くらでいることになりました。

グリム兄弟の童話は、最近、その残酷さを語られることが多い。この「灰かぶり」（金田鬼一訳／評論社）もまた、かかとや指を切って血だらけの足を靴に入れる二人の姉の行為に続いて、結末には徹底した罰が用意されていた。鳥に両眼をつつき出されるような、実にすさまじい罰である。世の女性たちが憧れるサクセスストーリーとしては、あまりにも恐怖を含んでいると言える。

ここで類推すると、憧れのストーリーとして女性の心を刺激した作品は、グリム兄弟の話よりもペローの作品に近かったのではないかということである。

さらに、ディズニーの「シンデレラ」を見てみると、やはり、グリム兄弟の話よりも、ペロー作品に深く通じるところがある。動物好きのシンデレラを救おうとする犬や小鳥たち、そして、王子との結婚となっても、決して過去のいじめを断罪しようとはしない心優しいシンデレラは、まさにペロー作品を思わせるものである。

このように、ひとつの物語、あるいはモチーフの共通する作品を読む場合、比較の対象があればあるほど、興味はより深くなっていくものである。読み比べという方法は、素朴であるが、作品の本質に迫るという視点でその意味は大きい。

童話ばかりではなく、玩具・図書館・博物館等、子どもを取り巻く様々なものを追求していこうとする児童文化学には、「比較」という視点は有効である。

サンリオピューロランド　© 1992 SANRIO CO., LTD.

ii　乳幼児絵本

(1)　絵本の成立と発展

子どもの絵本の出発は、ヨーロッパでは、ドイツの『もじゃもじゃペーター』（ホフマンH・Hoffman　一八四五）であると言われている。絵によって物語が運ばれるという、従来の絵入り本とは異なる、近代的な子どもの絵本が現れたのである。

ところが、我が国では、この『もじゃもじゃペーター』のような近代的な創作絵本は、明治時代末になってもまだ現れなかった。もちろん、ヨーロッパの絵本の原型「絵入り本」に相当する「赤本」、絵本の祖とも言うべき「絵巻物」は、過去には存在した。しかしながら、赤本は挿絵入りの本であり、また絵巻物は、児童観の所在を確かめることのできないようなものであった。

ビアトリクス・ポター『ピーターラビットのおはなし』／福音館書店

ちなみに、絵巻物においては、『鳥獣戯画』（鳥羽僧正）などに見られる優れた方法論や技術継承がなされなかったことは、惜しまれる点である。

こうして出発した子どもの絵本の世界は、子どもの人格と権利の確認という児童観確立の方向と並行しな

ケイト・グリーナウェイの絵本

がら、十九世紀後半に、コルデコット（R・Coldecott　一八四六―一八八六）やグリーナウェイ（K・Greenaway　一八四六―一九〇一）等の、専門の絵本作家を持つことになる。イギリスのコルデコットは、現在では、アメリカの絵本賞「コルデコット賞」で知られている。同様に、グリーナウェイも、イギリスにその名をとった絵本賞のあることでよく知られている。

ヨーロッパの絵本はイギリスに花開き、レスリー・ブルックの『三びきのくま』・『三びきの子ぶた』といった民話風なストーリー絵本、ビアトリクス・ポッターの『ピーターラビットのおはなし』、ヘレン・バンナーマンの『ちびくろさんぼ』と、愛され続ける豆本が登場する。

二十世紀になると、現在の日本の子どもたちにも親しまれている、『一〇〇まんびきのねこ』（ガアグ）、『アンディとライオン』（ドーハティ）、『げんきなマドレーヌ』（ベーメルマンス）、フランスの『王さまババール』（ブリュノフ）、『チムとゆうかんな船長さん』（アーディゾーニ）等が出版される。十九世紀末から二十世紀初頭のこれらの古典絵本は、我が国では昭和三〇年代になって紹介されたが、現代の絵本と並んで一挙に紹介されたため、かなり混沌としていた。

一九三〇年代に入ると、第二次世界大戦下のアメリカに、自由を求める絵本作家が現れ、華やかな絵本の世界が開かれていく。

たとえば、『ひとまねこざる』（Ｈ・Ａ・レイ）、『かもさんおとおり』（マックロスキー）、『ちいさなおうち』（バートン）、『ぞうのホートンたまごをかえす』（スース）、『三びきのやぎのがらがらどん』（ブラウン）、『もりのなか』（エッツ）、『あおくんときいろちゃん』（レオニ）、『ごきげんならいおん』（デュボアザン）、そして黒人の子どもたちの群像を描く『ゆきのひ』（キーツ）等、百花斉放である。

これに比べて、イギリスでは、ごく最近の『ＡＢＣ』（ワイルドスミス）、『まどのむこう』（キーピング）等、フランスでは『まりーちゃんとひつじ』（フランソワーズ）、ドイツでは『タイコたたきの夢』（チムニク）、スイスでは『子ねこのピッチ』（フイッシャー）、そしてソビエトでは『マーシャとくま』（ラチョフ）、さらにオランダでは、乳幼児向けの『子どものはじめてであう絵本』（D・ブルーナ）というように、量的には少ないが、それぞれ独自な方法論と技術で、現代の子どもたちにアピールしている。

(2) 日本の絵本の流れ

ところで、近代的な絵本の出発が、欧米に比べていくらか遅れた我が国の絵本界であるが、明治三〇年頃までは、ポンチ絵・エバナシなどの、稚拙な絵を中心とした娯楽読み物が盛んに市販され、次いで三〇年代に、絵雑誌『少年智識画報』・『少女智識画報』（一九〇五）、『幼年画報』（一九〇六）が、幼児に対する関心の高まりの中で創刊された。

こうして、欧米の絵本とは違った、日本独自の単行本絵雑誌の展開が始まるのである。『幼年の友』（一九〇九）、『子供之友』（一九一六）、そして『コドモノクニ』（一九二二）、『コドモアサヒ』（一九二二）、さらに『キンダーブック』……という具合である。

これらの絵雑誌には、特集や数ページに及ぶ童話があり、絵本に近い面もあったが、まだ一冊の絵本として全体を有機的に統一されたものではなかった。それぞれの絵は、明治期の一流の挿絵画家、大正期童画の旗手である童画家たちによって描かれたもので、その後に開花してくる単行本

『子供の友』／婦人之友社

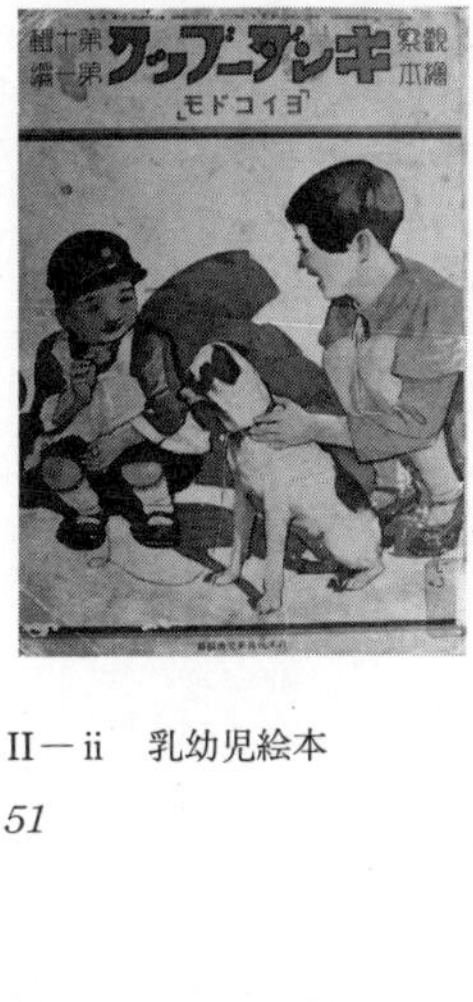

『キンダーブック』／フレーベル館

絵本へと受け継がれていく。ことに、大正期の童画絵雑誌は、幼児保育との関わりの上で、その嚆矢としての意味を大きく評価すべきだろう。

さて、単行本の絵本であるが、昭和に入るまでその明らかな所在を見つけることはできない。ただ、明治末の『お伽画帖』（巌谷小波　文、全二十四冊）、『日本一の画噺』（巌谷小波文・松浦非水他　絵、全三十余冊）等は、「絵本」とうたってはいないが、近代的な絵本のイメージに近いものであった。

大正期は、芸術的に洗練された絵に脱皮しようという画期的な時代であったが、武井武雄（一八九四―一九八三）・初山滋（一八九七―一九七三）・清水良雄（一八九一―一九五四）、そして岡本帰一といった、傑出した童画家が存在していたにも関わらず、さしたる絵本は誕生していない。大正期、童話集の挿絵や装丁などにはすばらしいものが多いが、幼児を対象とした単行本絵本には見るべきものがなかったようである。

その中において、「絵とお話の本」シリーズの『イソップものがたり』（武井武雄　絵）、『おやゆび姫』（初山滋　絵）、『大男と一寸法師』（河目悌二　絵）等は、挿絵入りの本を超えているようである。

こうして、童画の発展と共に、次第に近代的な絵本の開拓が促されていった。

昭和に入ると、初山滋・清水良雄・武井武雄等の代表的な童画家、そして小山内龍・安泰・

安井小弥太・清水崑などが、絵を中心としたストーリー絵本や、観察を目的とする乗り物絵本を手掛けるのである。

そして、我が国の絵本の伝統を作ったと言われる「講談社絵本」シリーズが発刊される。講談社絵本は、内外の伝記・昔話・漫画等、内容豊富で、それも浮世絵風あり、童画風あり、漫画的なデフォルメありと、多彩であった。

終戦直後の絵本

我が国の絵本の革新は、第二次世界大戦後の視覚メディアの進出と時を同じくした、「岩波の子どもの本」（一九五三—）以来であると言われている。大戦直後には、センカ紙による絵本や、「世界の絵本」シリーズ（一九四九／新潮社）も出版されたが、これらは、質・量ともに、絵本の新たな進展に寄与するほどの影響力は持たなかった。

「岩波の子どもの本」シリーズは、『ちびくろさんぼ』・『ひとまねこざる』等、欧米の子どもたちに選りすぐられてきた名作絵本を中心に、国内の絵本、『かにむかし』（清水崑　絵・木下順二　文）、『きかんしゃやえもん』（岡部冬彦　絵・阿川弘之　文）等も含めた、組織的な出版であった。子どもたちに愛される絵本として、代表的な存在だったのである。子どもの本の有史以来、本格的に読者子どもたちの喜びと理解を意識したのは、この絵本シリーズが初めてであった。常に表現者・作家としての側から創作してきた伝統的な姿勢が、ここで鮮やかに問い直されたのである。

　こうして、やっと絵本の近代化が緒に就き、次いで、福音館書店の月刊絵本「こどものとも」（一九五六）が、日本の画家と作家によって作られる国産絵本の登場を促し、現在活動している優れた絵本作家たちが、ここから生まれてくる。長新太・太田大八・赤羽末吉・田島征三・堀内誠一等の画家たち、瀬田貞二・渡辺茂男・中川李枝子等の作家たちは、この月刊絵本によって、創作への意欲を深めるのである。そしてこれが、至光社・岩崎書店・偕成社・こぐま社等へと波及し、現在の豊かな絵本の世界が築かれたのである。

　現在、絵本のジャンルは、ストーリー絵本・民話絵本・科学絵本・乳児の絵本と、多岐に渡る。それぞれの作家や編集者たちは、小学校低学年ぐらいまでの幼児たちを、魅力ある本の世

講談社の絵本

「岩波の子どもの本」シリーズ

中川李枝子文、大村百合子絵『ぐりとぐら』／福音館書店

界に誘おうと苦心しているのである。

(3) 絵本の意味

サルトルは、『文学とは何か』の中で、「読者の存在がなくては作品の開花はない」と言っているが、この種の言い回しは、まさに絵本について言われるべきものであろう。シンプルな表現をするならば、製作された絵本は、それだけでは物としての意味しか持っていない。しかし、これが読者と出会い、豊かで鋭い火花を散らした時に、初めて絵本としての意味が生じ、生命を吹き込まれるのである。

言うまでもなく、読者の子どもたちは、ひたすら受け身に、享受するという姿勢ではない。絵本と出会うことによって、自らの心と体の内側にあるものが引き出され、同時に、そこから様々な広がりが生まれてくるのである。

ここに一冊の絵本がある。この絵本には、中央を四角にくり抜かれた窓がある。その窓に何かの絵の一部分が見えている。そして、「なんだろう?」という文字が入っている。次のページには、中央の四角の窓が、今度はだいぶ大きくくり抜かれている。その窓には、だいぶ明確になってきた何かの絵がのぞいている。そしてここにも、「なんだろう?」と記されている。

　こうした絵本を眺めた子どもたちは、その窓からのぞく絵の一部から、様々にイマジネーションを広げ、ある物の形と色を心に描き出していく。見えない部分を心に作り出すのである。また、背景を白無地にした絵本は多い。これは、主として、読者の子どもたちの印象を強めるために、理解しやすくするためにとられる方法であるが、別な次元から眺めるなら、何も描かれていない白い背景に、子どもたち自身が形を与え、色を与える活動を行うということになる。

　ストーリー絵本にせよ、科学絵本にせよ、自ら読むことによって、あるいは読み聞かせることによって、これまでに心と体に蓄積されていたものが再認識され、同時に未知の言葉や会話や場面や事件やらを、その蓄積に関わらせながら豊かに認識していく。いわゆる子どもたちの再認識と未知の発見ということであるが、一対一の出会いをする絵本と子どもとの関係であれば、それぞれの子どもたちによって、受け止め方・作り方に様々なバリエーションが生じるのはごく自然なことである。たとえば、リンゴを知っている子どもが、さつまいもの絵を初めて見て、リンゴのように木になっている様子を思い浮かべる、というふうなことである。

ある子どもの文学の作家が、「社会を批判的に書けば、読んだ子どもも批判的な目を持つと信じていいものだろうか」と、あるエッセイに書いていたが、絵本と子どもの関わりについても、図式的・平均的なあり方はまず否定されていると見てよいであろう。それぞれの子どもによって、それぞれの理解があるのである。

たとえ、どのような受け止め方をしたにしても、それは、読者子どもその時々の状態の中で、可能な限りの理解やイマジネーションの流露によって生じたことであり、絵本の作者も伝達者も、決してそれを否定することはできない。子どもの成長は、与えられることよりも、自分なりに自分のものにする行為によって、はるかに効率のよい軌跡をたどると言われているが、まさにその通りである。

現在の絵本の作者たちは、絵本と子どもを底辺で意識しながら、芸術的にも志向しようと苦心を積み重ねている。作家から子どもに「与える」という縦関係はここにはなく、作り手と読み手・聞き手という横の関係が支配的である。『おおきなおおきなおいも』は、この横の関係を鮮やかに具体化した絵本の好例である。

(4) 絵本の絵と言葉

『名馬キャリコ』(バートン　文・絵)は、映画的手法を駆使した絵本だと言われている。

赤羽末吉『おおきなおおきなおいも』／福音館書店

読者の錯覚を利用して各場面を連続させていく方法で、映画のコマのように、多い時には四場面ほどを見開きに入れ、それぞれの場面が、前の場面にある何かの線に連続している。馬の背が、次の場面では山の稜線に続くという具合である。

絵本に流れを与えることを狙った技法であるが、視点を変えて眺めるならば、それだけ強烈に読者を意識していることになろう。読者がいて初めて、十全に開花する絵本である。これは、一方的に与える絵本ではない。中井正一が、視聴者を映画の主体者と位置づけたように、『名馬キャリコ』の担い手も子どもたちであると言えそうである。

前述したように、「岩波の子どもの本」シリーズの絵本に、真っ白な背景が効果的に使われていたことはよく指摘されるが、この背景の、細部を描かない単純化した場面において、空白な部分を埋めていくのは主体者としての子どもたちである。

さらに、『やせたぶた』（木島始　文・ほんだかつみ　絵）の、どうしても太りたいぶたが、さるの博士に相談に行く場面にある伏線等も、子どもたちの存在がなくては意味をなさないところである。

やせたぶたと、さるの博士が向い合っている。その物陰には自転車が描かれている。次のページでは、さるの博士がやせたぶたに空気ポンプで空気を注ぎ込むという種明しをする。現実には、相当に敏感な子どもでなければ、自転車の存在に注意することはないだろう。しかし、その存在の意味を豊かに想像することができる子どもならば、次のページへと進むストーリーのおもしろさが倍加されることは確実である。

美意識に支えられた優れた絵であることは当然だが、このように、受け手の子どもたちと、いかに鋭く豊かに響き合うかということが、絵本の描き手たちの関心事である。

『ひこうきとぼく』（谷内こうた　文・絵）は、少年がひたむきに作った紙飛行機を青空に飛ばすというストーリーであるが、そのクライマックスに、紙飛行機を空に向かって「そらっ」と投げ上げるところがある。「空」とかけた言葉だが、この種の言葉も、作者の遊びというより、読者の子どもたちの心と響き合って生命が通う性質のものであろう。

『ひとつふたつみっつ』（今江祥智　文・長新太　絵）の冒頭、「ひとつ　ふたつ　みっつ　とうちゃんのかえらないあさが　つづいた。どうしたのかなあ」という箇所は、作者の遊びの要素が濃すぎはするが、これを読んだ、あるいは聞いた子どもの心にそうした経験のようなものがあれば、それだけこのセンテンスと深く響き合うことになる。十分に子どもたちを意識した姿勢がここにはある。

前述の『やせたぶた』に、空気で膨らんで空を飛ぶぶたを友達のきじがひやかして、「太陽の熱で『とんかつ』になる」と言うくだりがあるが、これなども同じであろう。

このような例を数え挙げればキリがないが、結局、絵本の文章は、書き手の一方的な思いの表出ではなく、子どもたちと常に響き合うものだと考えるのである。書き手・描き手の芸術的な表現への希求と同時に、子どもたちの理解と興味とがほどよくバランスをとることが、現在の絵本の焦点と言ってもよいであろう。

今江祥智文・長新太絵『ひとつ ふたつ みっつ』
／世界出版社（右，1968）／理論社（左，1987）

よく課題にされることだが、個性的な絵で、その存在を濃厚に表している絵本画家がいる。画家に、読み手・聞き手への意識が存在するなら、常にひとつのスタイルで描き切ることをしないはずである。題材・ストーリーなどによって、それぞれ違ったスタイルが要求されるからである。画家固有のスタイルを持つことは、評価の対象となるようでありながら、こと絵本の絵にあっては、逆にそれを切り捨てることが望まれるのである。固有のスタイルと言えば聞こえはよいが、絵本では「パターン化」が批判の対象となることは多い。

(5) 新しい絵本の試み

『まどのむこう』（キーピング　文・絵　一九二四―）という絵本がある。洗練された画風には定評があるが、いくつかの問題を抱えた絵本でもある。近頃の絵本に関心を持つ層の広がりは顕著であり、この絵本などもその一端を担っている。

窓際に座り続ける少年の目が、下町の通りを行き過ぎる隣人や犬にじっと注がれる。馬の暴走という事件はあるものの、それを見つめる少年は一歩も動こうとはしない。アクションによるストーリーのダイナミズムを要求される、幼い子どもたちの絵本としては、まるで反対の静的な世界である。耳を澄ませば遠鳴りのような響きを聞き止めることはできるが、犬の声や馬車の音はまったく聞こえてこない。

「絵本」という呼称で呼ばれる本にも種々あるが、この『まどのむこう』は、小学校五、六年生の子どもにやっと理解されるものであろう。優れてはいても、この沈潜した画面は、幼い子どもたちにとっては、伸びやかな楽しみを引き出すことができるものではない。

その意味で、この作品は、幼児を主に対象とする絵本でありながら、五、六年生の児童が違和感なくページをめくることのできるもので、また違った面で、絵本の認識を新たにして

チャールズ・キーピング文，いのくまようこ絵
『まどのむこう』／らくだ出版

くれていると言えるだろう。

ところで、現在の幼児絵本の大部分は、『まどのむこう』のようなものではなく、子どもたちの心と体に楽しみを引き出すことによって意味を持つといった世界である。『いたずらきかんしゃちゅうちゅう』のダイナミックなストーリー、スピード感。『おおきなかぶ』の単純化、誇張。『どろんこハリー』の安心感。『ぐりとぐら』の遊び。これらは、書き手・描き手の一方的で高踏的な表現を許していない。そしてそこに、子どもたちと最も響き合う世界を実現させようとする、おとなの屈折した英知があり、子どもの絵本独自のあり方が追求されていると言えるだろう。

⑹　現代の個性的絵本

絵本の現況では、とりわけ、次の三点が注目されると言ってよいかもしれない。

第一点は、アダルト絵本の定着である。これは今さらの観もあるが、ここで言う定着は、アン・ノン族風の絵本の、いわば風俗的傾向の是認の意味では決してない。つまり、英語圏で言うところの、イラストブックのイメージである。

次に第二点は、いわゆる「ファーストブック」クラスの、三歳児前後を対象とする幼児絵本の領域にある、学習性との緊密なパイプである。言葉を変えて言うなら、従来の楽しい絵本に学習性が反映したと言えようか。

さて第三の点は、昔風に言えば、「話し言葉」の「書き言葉」への接近の問題である。もちろん、視点を変えれば、「書き言葉」と「話し言葉」の接近と言ってよい傾向である。いわゆる関西弁、そして東京弁で、読み手に直接的に働きかける作品がある。

ア　アダルト絵本

至光社発行の谷内こうた・岩崎ちひろ作品が、まるで画集のイメージだと、やや批判をこめて語られたのは、既に遠い過去になるが、現在の寵児である安野光雅の精密な絵本のその広がり等は、今では

内田莉莎子文、佐藤忠良絵『おおきなかぶ』／福音館書店

ジーン・ジオン文，マーガレット・ブロイ・グレアム絵
『どろんこハリー』／福音館書店

ごくまっとうな承認を受けている。もちろん、この承認は、幼児絵本としてのものでなく、絵本の可能性の承認と言ってよいだろう。

とはいえ、このようなアダルト性の一般化は幼児絵本にも波及し、絵本の概念は拡大しつつある。

『おみせ』（五十嵐豊子　文・絵／福音館書店）は月刊絵本の一冊だが、そのあたりの広がりを典型的に示していると言ってよいであろう。科学や経済の発展によって、一昔前の生活を忘れている実情の中で、いわば散歩者のような視点に立って、ゆったりと「本物」を問いかけているわけである。こう言ってしまえば、一つの文明論になってしまうが、ごく表層的にとらえれば、いわゆるアン・ノン族風の作品という見方も許されるであろう。

安野には『津和野』等の絵本があり、幼児絵本にも各地の手作りの店を紹介する『おみせ』があるというわけである。

この作品を見て、「絵本はこれからどこに行くのだろうか」なり、「絵本とは何だろう」という、戸惑い半ばの疑問を持った人たちは多いことであろう。

もちろん、『おみせ』のような絵本のイメージの広がりは、別に現在に限ったことではない。三年ほど前の発刊になるが、『いえでをしたおかあさん』（西内ミナミ 文・遠藤てるよ 絵／文研出版）という作品がある。この作品では、従来は幼児の留守番という発想に集中していた母親の不在という事件を、不在となる母親の視点からとらえている。視点の違いと言えば、それだけのことだが、やはり、児童文学全体の風俗的傾向を反映させたものと見てよい絵本であろう。

幼児の発達と興味に則して製作される幼児絵本ではあるが、決して固定的なものとは考えず、新たな試みを導入しつつ、幅の拡大と質の深化を期待する、創り手側の論理の具体化である。

とすると、この種の傾向は、創り手側のオリジナリティー、模索の試みと、対象の幼児たちの興味や理解をいくらか変貌させようとする期待との交ざり合ったものとでも言えようか。

また、小学校六年生くらいから一般の読者に向けて発行されたイラストブック、『少年と川』（H・ボスコ　文・G・ルモワーヌ　絵・天沢退二郎　訳／日本ブリタニカ）という作品がある。

「反芻・増幅される幼少年期」と清岡卓行は表現し、「いくらでも深く読み込むことの可能な奥行き」を持った「独特な幻想性」の作品と、訳者天沢の語るこの作品は、画集とはまた違った物語の醍醐味を包み込んだ絵本である。そして、豪華に造本され、見事に物語を増幅するイラストを持った、このような「テキスト」を、ごく自然に「絵本」として受け止める目を、現在の読者は持っていると言える。

イ　学習性の問題

一九八〇年末の出版であるが、物語絵本の優れたイラストレーターであるセンダック（M・B・Sendak　一九二八―）は、『そんなときなんていう？』（S・ジョスリン　作・谷川俊太郎　訳／岩波書店）に絵を描いた。この絵本は、物語絵本のスタイルをとった作品であったが、そのナンセンス風な展開の中に、誇張して言えば、学習性とでも言うべきものがあった。

「あなたは　かいものを　しに　まちへ　でる。　ときどき　そうしたくなるので　うしろむきに　あるいてると、わにに　ぶつかる。　そんなとき　なんていう？」

ちょっとした事件、そして問いかけである。

「すみません。」

これが、その答である。

まるで、基本的な語彙や言い回しのトレーニングの趣である。

ただし、謎とその答という図式は、加古里子の『とこちゃんはどこ』を出すまでもなく、「発見する」というドラマ性があり、側面的には、物語絵本の原典とも言える。この謎と答というパターンが何度か繰り返されることによって、谷川俊太郎の傑作『わたし』ほどではないにせよ、ユーモアたっぷりのストーリーに接近したのである。

ストーリーが学習性を取り込んだのか、タイミングよい学習性の扱いがストーリーになったのかは明確ではない。しかし、いずれにせよ、この種の三歳前後を対象とした絵本は、かなり増加している。

「トンとポン」(いわむらかずお/偕成社)のシリーズは、その好例である。『おおきいトンとちいさいポン』は、単純化された明快な構図と色彩の絵本である。大小の比較をユーモラスに繰り返しながら、究極的に、価値としては「共によい」と結着するストーリーである。

　雑草が生い茂る場面では、草に埋没してしまう小さいポンに、

「えへへ、ほら　おおきいほうが　いいね」

と大きいトンが言う。ところが、柿の木の枝に頭をぶっつけたトンを見て、

「うふふ、ちいさいほうが　いいな」

とポンがからかう。

　このような具合に、アイデアの愉快な場面が次々と現れるのである。

　確かに楽しい絵本である。しかし同時に、いつの間にか大小感覚が幼児の心の中に定着してしまうという方法の巧みさがある。

　大小感覚を養うために、七五〇円の絵本は高すぎると考える人もいるかもしれないが、実は楽しい物語絵本ともなっているのである。

　三歳前後の幼児にとって、このタイプの絵本はおもしろいと同時に、具体的な「育てる」要素を持つ作品と言ってよいだろう。

　現在、流行とでも言うべき五味太郎の作品にも、このスタイルは多い。「いろのいろいろ絵本」シリーズや『夏』（絵本館）がそうである。

　ページをめくるごとに、「きいろは　ばなないろ」・「きいろは　おちばいろ」・「きいろは

れもんいろ」と、『きいろのほん』は、しごく丁寧である。色彩語学習の絵本と言えるし、いわゆる「物の絵本」の体裁である。

「物の絵本」は、本来学習性の高い領域であるが、五味の描く世界では、従来「物の絵本」では追求されることの薄かった感覚が全面に押し出される。感覚や情緒によって受け止める世界は、実は物語絵本に期待されていたものであった。

「いろのいろいろ絵本」シリーズは、どう考えても物語絵本ではないが、物語絵本の持つ特性を反映させた作品と言ってよいかもしれない。繰り返しの中に、黄色の抽象的なドラマが体系化されている。

そして、『夏』は、それが結晶した世界と言えるであろう。

燃えるように暑い場面に「ちりちり　ちりちり」、続けて一枚めくると「どこかで　ベルがなってるような」というわけで、その後に「かーん　かーん」・「じゅん　じゅん」と擬音をたたみかけ、夏をトータルに感覚的に把握できる仕組みとなっている。作者の期待したほどには、幼児の発達や興味と結びつくことはなかったようだが、この抽象のドラマそのものに、幼児への学習の企図が含まれていたのである。

幼児絵本における学習性の問題と言えば、誰しも、いわゆる学習絵本と呼ばれている、数の絵本や文字の絵本、英語の絵本を想起するはずである。

ところが、消極的ではあるが、通常の物語絵本にも、学習性を盛り込んだものがあることは、興味深い事象である。

しかし、振り返ってみれば、幼児対象の物語絵本は、巨視的に見て、常にある種の学習性を含んでいたとは言える。なにしろ、幼児にとって、すべての体験は学習と関わりがあるのだから……。

そんな意味合いで臨んでみれば、既に故人となったが、バートンは、常に奥深い教育性を包み込み、鋭角的なテーマ設定で作品創りを行っていた。

『ちいさいケーブルカーのメーベル』（桂宥子・石井桃子　共訳／岩波書店）は、『ちいさいおうち』と同構図による微妙な変化と、『名馬キャリコ』の映像的表現による動的展開とを併せ持つ楽しい作品だが、作者が常に追求していた現代の文化状況に対する風刺と市民意識という、高次な主題を形象化しており、幅広い意味での教育性をはらんでいる。

といっても、この絵本までも含めるならば、幼児絵本のすべてが、物語の中に学習性を秘めているということになる。だから、前出の作品と、このバートン作品のオーソドクシィーは、当然区別されなくてはならないだろう。

ウ　語りの文体

さて、最後の語りの要素ということになれば、関西弁による絵本がすぐに思い起こされるであろう。

『ろくすけ　どないしたんや』（灰谷健次郎　文・坪谷令子　絵／理論社）は、その一冊である。「ぼく」が語り手で、友人のミコちゃんとろくすけとの関わりが、心優しく語り出されている。

「ぼくとミコちゃんは、チクワの　ともだちや。ちいさいときからの　ともだちのことをちくばのともって　ゆうねんて。ミコちゃんが　ききちがえて、チクワのともってゆうたんや。」

この関西言葉の冒頭でわかるように、主人公の「ぼく」が、直接読者に働きかけてくる。何の変哲もない語りだが、「ぼく」・「ミコちゃん」・「ろくすけ」がみな、母親か父親がいないという設定よりも、この語りのスタイルそのものに考えさせられることが多い。

会話文が関西弁や他地域の「弁」であることは非常に多いし、地の文までもが地域語の語りであることも決してないとは言えない。しかし、この全文語りのスタイルは、改めてとらえ直してみたいものである。

それは、結論から言うなら、明治の言文一致とはまた違ったあり方である、「語るように書く」ことの復権を見るからである。

日本語は、よく言われるように、仲間同士の室内語として発展した。したがって、フォーマル（パブリック）な言語は成長しなかった。それを補う役割を担ったのが、話し言葉から分離した書き言葉だったようである。書き言葉、つまり文章は、その発生と成長の根拠を増加させつつ、様々な形式を生み出すほどに、話し言葉との距離を広げたのである。

明治の言文一致は、その距離の短縮にあった。しかし、今日まで、「話す」ことと「書く」ことは、はっきりした違いを保ち続けている。

そんな状況の中で、たとえ、幼児対象の親密感を尊重する絵本であっても、話し言葉によって語りかけてくる作品は実に興味深い。児童読み物の源流は、話し言葉の語りによる昔話であり、特に不思議はないと開き直っても、なぜか、その興味の根を説明することはできないようだ。

理屈はともかくとして、話し言葉が、本来、知己を対象に、あるいはグループ単位の、「座」とも言うべき場で効果を発揮してきたことを考えると、この『ろくすけ　どないしたんや』も、よく知っている者への語りと言うことになろう。しかし、当然それだけではない。普遍性ある主題を、不特定多数の小学校低学年生に働きかけているのだから、それなりにパブリックな性格を持っているのである。

同じような例は、関東弁で語られる『モテちゃんとマメちゃん』（竹崎有斐　文・西川おさむ　絵／あかね書房）にもある。

「このあいだね、みよちゃんがさ、」と、犬のモテちゃんによって語り出されるこの絵本には、「読み聞かせにぴったり」というキャッチフレーズがついている。

話し言葉なのだから、まさに話すには適合している。幼児絵本が、母親・教師・保母による読み聞かせによって効果を持つということで、この種のスタイルがとられたのであろうか。おそらくそうであろう。しかし、これもまた、それだけでは説明にならない。

新しい、読み聞かせのための、話し言葉による叙述であると整理はできても、果してそれだけであろうか。というのは、これまで幼児に愛された幼児絵本は、いわゆる書き言葉による叙述がほとんどだったからである。

誇張した物言いだが、外山滋比古が『日本語の個性』（中公新書）の中で、日本語の現状を「新たな言文一致の兆」と述べていた。なかなかに難しい問題であるが、状況の是非はともかく、確かにひとつの傾きとは言えそうである。

現代の個性的絵本として、自分自身の興味で前述の三点を問題提起してみたが、やはり、これらの絵本も、しばらくすると、幼児を中心とした読み手・聞き手たちの迫力ある審判に委ねられるのである。

そして再び、「幼児にとっての絵本とは何か」という命題に立ち戻るのである。

(7) 幼児絵本の意味 ―幼児にとっての絵本―

「お母さん、オーブエだわ。オーブエがあるわ」

たまたま立ち寄った、デパートの楽器売場でのことである。母親の手を引っ張りながら、四、五歳くらいの女の子が店に入ってきた。

「何を言ってるの、オーボエでしょう」と母親。

「違う、違う。ほらっ、こんな大きなオーブエよ」

女の子はショーケースの中のオーボエを指さしながら言う。

まさに、幼児特有の覚え違いである。しかし、大きな笛であるから「オーブエ」とは、単なる間違いと笑ってばかりはいられない。幼児たちは、既知の事柄や既体験をベースに、未知なるものを必死に知り覚えようとする。その結果、このような思わぬ間違いを起してしまうというわけだ。

こんな例は、幼児たちと言語との関わりの中にいくらでもあるが、同じようなことが絵本との関係にも当てはまりそうだ。もちろん、そんな場合の幼児をつかまえて、その受け止め方が間違えているなどと、非を責めるものでもない。作者の意図に沿ったものでなくとも、個々の幼児の、すべてを凝集した受け止め方がベストなものだからである。いかなるおとなも、そういう幼児の世界を否定するわけにはいかないだろう。

レオニの『せかいいち　おおきなうち』（一九六九／好学社）の読み聞かせを、集団保育の場で見たことがあった。その折に、作者の意図と幼児たちの受け止め方との間に、典型的とでも言えそうな、大きなズレを経験したのである。

この絵本は、世界一大きな家がほしいという、かたつむりの子どもの思いを軸にストーリーが展開する。いろいろな努力をした結果、まさに絢爛豪華な家を、主人公は背中に持つことになった。巨大になり、艶やかに着色され、煙突のような角まで生えてくる。

蝶やとんぼが、「まるでお城みたい」、「サーカスのテントみたい」と驚いたように、聞き手の幼児たちも、目を輝かして見入っている。主人公の欲求が充足されたことを、幼児たちは自分たちのことのように喜んだのであった。

ところが、どうであろう。見事に作り上げられたこの家が、次ページではすっかり崩壊してしまうのだ。「すごい」などと言い合っていた幼児たちが、一瞬息を飲む場面である。そして、瓦礫となった家の前で、主人公たちは、自分にふさわしい動きやすい小さな家でいいという結論に至って、この絵本は閉じられる。

もちろん、この絵本の最後まで、幼児たちはきちんと聞き入っていた。しかし、おもしろいことに、読み聞かせをした教師がどんなに水を向けても、作者の意図した人生観に触れたような反応は返ってこなかったのである。

高く積み上げた積木が崩れ落ちるときの悲しみを知っている幼児にしてみれば、この絵本の人生観は理解の圏内にある。けれども、理解したか否かは問題ではない。幼児たちの中の自己拡大をしたいという気持ちや、欲望を充足させたいという欲求が強いため、この絵本の結末部を拒否したい気持ちも働いたのかもしれない。

とすれば、この結末が幼児たちの心にしみ込むことはないかもしれない。もっと言えば、家が完成した時、幼児たちにとってのストーリーは、既に完成したのである。とすると、『せかいいち　おおきなうち』は、幼児にとって、「びっくりするほど魅力的な家ができる話」に留まるということになる。

三歳なら『しろくまちゃんのホットケーキ』（わかやまけん）、四、五歳ならば『ジャイアント　ジャムサンド』（ヴァーノン・ロード・J）等のように、作者の意図通りに、それに乗って楽しみにふけるような作品も多いが、このように、作者の思惑とは違ったところで絵本の楽しみを経験するものも少なくない。

絵本の世界を削り取ったり、あるいは付け加えたり、悪く言えば、自らの興味や欲望に合わせて作り変えて楽しむこともあるわけである。

『せかいいち　おおきなうち』ほど表面に現れてこなくても、幼児と絵本との出会い方という問題は、常につきまとうものである。

(8)　絵本の可能性

『おおきな木』（シルヴァスタイン）は、とりわけ、高校生や成人者に愛されている絵本である。望まれるままに、実を、枝を、そして幹を次々に与え、とうとう切り株だけになってしまう木の物語は哀切を極めている。

子どもに奪い尽くされてしまう父親や母親、あるいは、ひたすら愛し尽くす恋人というように、この絵本は、読む側の体験や想念を様々に解き放ってくれる。その理解にバリエーションが許される絵本である。

哀切でありながら、決して感傷的にも深刻にもならず、大らかな愛と詩情に包み込まれた、おとなたちにとって、お気に入りの一冊であろう。

この『おおきな木』は、アダルトな感じを前面に出している絵本ではないが、そのテーマ

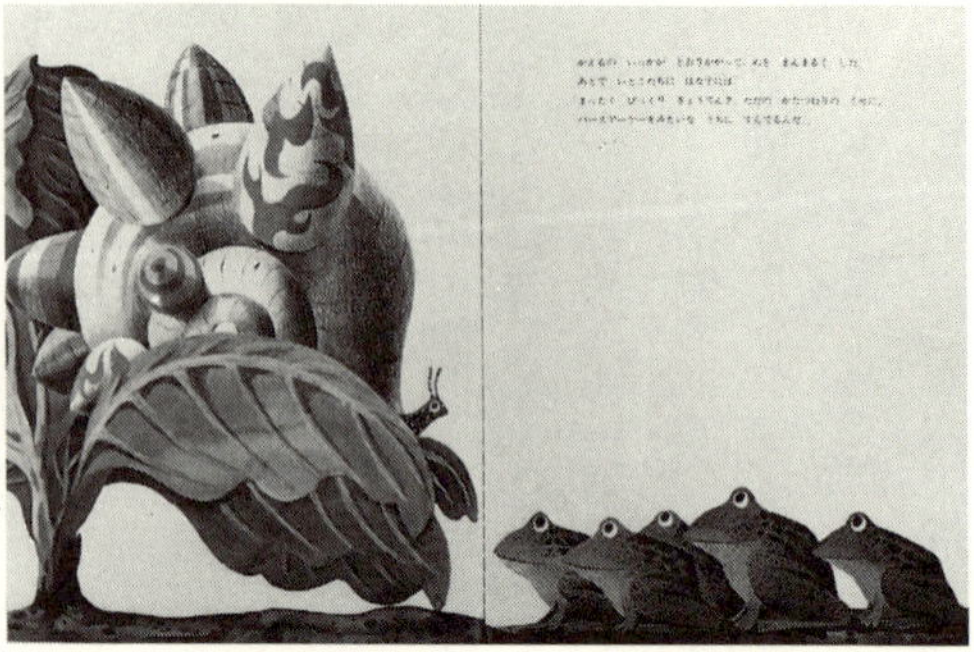

レオ・レオーニ作、谷川俊太郎訳
『せかいいちおおきなうち』／好学社

や展開の仕方が、自然におとなやおとなに近い読者たちを引きつけてしまうようだ。

本と人間との関係として、描かれたストーリーそのままを受け止めるのが幼児だとしたら、もっと象徴的に拡大して受け止めるのがおとなたちであろう。

ア　アダルトな顔を持つ絵本

最近は、もっと率直に成人の読者へ向っていく絵本も多い。アダルト・ピクチャー・ブックスとしての素顔を、表面切って打ち出している作品である。『多毛留』（米倉斉加年）や『トマと無限』（デオン）は、その格好の例である。

『多毛留』の華麗な悲劇は、日本人と朝鮮人の愛と相克の神話である。緊張感のみなぎるこの絵本は、読者を日本史に誘う。『トマと無限』では、現代の子どもたちの生きる状況を冷徹にとらえている作者の眼差しによって、読者は、否応なく社会状況の混沌に目を開かされる。

成人者にとっての絵本は、時に、アクセサリー等と皮肉られたりする。しかし、これらの絵本を見れば、そんな皮肉がごく側面的な物言いだと気づくはずだ。それらの絵本の質は、ますます深く鋭くなってきている。それぞれの世代にふさわしい作品が次々に生まれているのである。

幼児世代に鋭くアピールしようとする意識の濃厚な幼児絵本にしても、完成度が高ければ、成人読者も、その単純化された可憐さや遊びを楽しみ得るのである。

シェル・シルバスタイン文・絵
ほんだきいちろう訳
『おおきな木』／篠崎書林

イ　触れる絵本

最近、『これ、なあに?』（イエンセン／偕成社）というデンマークの絵本が、翻訳紹介された。一見して、『あおくんときいろちゃん』（レオーニ／至光社）とよく似ている。

しかし、『あおくんときいろちゃん』が、ひたすら視覚を通して情緒に訴えたのと違って、『これ、なあに?』は、触覚を通して訴えかけてくる絵本である。簡単に言えば、視力を持たない子どもたちへの深い配慮によって製作された絵本であった。ごく一般的なルートを経て製作され市販されている絵本だけに、その可能性は魅力的である。

視力を持たない読者にとっては、待ち望まれた絵本であろうし、一層工夫された楽しい作品の登場が切望されるところである。一般の読者にとっても、改めて「触れる」ことの驚きを体験できる絵本でもある。触覚を通して感ずるゾクゾクするほどの新鮮さは得難いものだ。絵本の対象読者は、幼い子どもたちに限るものではないのである。

いずれにしても、現代の絵本は、すべての子どもとおとなにとってのユートピアを実現しようと、際限のない努力を続けている。そして、その読者たちは、決して受容的にページをめくるのではなく、ダイナミックに絵本と関わりながら、自分の心と体に取り込もうとするのである。「楽しい絵本」といったものが初めから存在するのでなく、それを受け止める読者が、自らの内側に取り込んだ後に、「楽しい絵本」であると判定を下すことになる。したがって、絵本の楽しみ方というものは一通りではない。際限なく存在するのである。

(9) 絵本のＴＰＯ

ア　絵本とは何か

絵本とは何であろう。

絵本に年齢の上限はないとか、絵本にならない題材はないとか言われ、様々な絵本がある。

シンプルそうで、なかなかに複雑なのが、現代の絵本である。

そこで、『まるいものなあに？』（森宏　作・山尾文男他　写真／文研出版）を例にとって、絵本の原点を説明しよう。

『まるいものなあに？』には、一枚おきに直径四センチほどの丸い穴があけられている。

そして、その穴の中に、次のページの絵の一部分だけが見えるようになっている。

最初のページは、何やら黒く丸いものが見える。読者は、

（いったい何だろう）

と、ありったけの想像力を駆使して、次のページの絵を当てようとする。

（そうだ、きっと瞳に違いない）

レオ・レオーニ作、藤田圭雄訳
『あおくんときいろちゃん』／至光社

やっと回答を見出して、当たっているかどうか、おそるおそるページをめくる。

(はい、当たり)

そして、次のページ。何か丸い輪のようである。

(水道のパイプかな? それとも竹の切り口かな? えい、水道のパイプ)

次をめくってみると……残念でした、竹の切り口でした。

このように、『まるいものなあに?』は、次から次へと、絵による「なぞなぞ」が展開する。当たりはずれと言うと、まるでギャンブルのようだが、実はここに、絵本としての重要な意味が埋め込まれているのである。

ごく現実的に考えるならば、幼児にとっての絵本の働きには、次の三つの要素がある。ひとつは、既に知っていることを絵本で改めて確かめる「再認識」。ふたつ目は、まだまだ知的にも情緒的にも未発達な幼児たちが、既体験をベースに飛翔させる「想像力」。そして三つ目は、「創造性」。

小さな丸い切り込みの中をしっかり把握し、そのわずかなヒントから、その裏側に隠された画面を想像する。幼児たちは、見えているその一部を手掛かりに、見えない部分に形を与え、色をつけていく。まさに、『まるいものなあに?』は、絵本の最も素朴な原則によって作られているのである。

もちろん、絵本に限らず、これに類似しているものはある。「なぞなぞ遊び」がそうだし、赤ちゃん時代の遊び、「いない、いない、ばあ」がそうだ。「いない、いない、ばあ」は、『まるいものなあに?』とちょうど反対で、周囲が見えていて、切り込みに当たる部分が手で隠される。そして、見えている部分が大半だから、当てるのもしごく簡単である。ただ、「いない、いない、ばあ」は、音の響きによって、幼児の喜びを誘発する面もある。

幼児の毎日の生活は、『まるいものなあに?』そのものであるとさえ言える。幼児たちは、既知を基礎に、新たな生活場面や人間関係を想像し、創りながら必死に生きているのである。ところで、『まるいものなあに?』は市販された絵本だが、画用紙を二つ折にして、一枚に切り込みをあけ、その間に写真などをはさめば、まったく同じ物ができてしまうような、簡単な造りである。ファーストブックにもいろいろあるが、このような手作りの絵本は、幼児が初めて出会うにふさわしい絵本であろう。

このように、『まるいものなあに?』は、絵本の原点とも言うべきものを、最もシンプルに示したわけだが、絵本を考える時に、まずこんな素朴なところを出発点にしたいものである。

イ　想像と創造

ある月刊絵本に「おそるおそる」という言葉があった。その絵本を読み聞かせた後で、その幼稚園の先生は、クラスの幼児たちの理解度を知るために、どんな意味かと尋ねてみた。過半数が「こわい」・「おそろしい」・「そっと見る」などと答えたが、残りの数人は「わからない」と言う。「わからない」と言った幼児たちの胸の中をもっと知りたくて、それぞれ思いついたことを発表させたのである。

その中で、ある女の子が、まさに「おそるおそる」、「ちがっていると思うけれど、おそろいの靴のこと」と答えたそうである。

「おそるおそる」と「おそろいの靴」との結びつきがどうもわからなくて、先生はさらに探りを入れてみた。

「だって、おそるおそるはふたつでしょう。おそろいの靴もふたつでしょう」

女の子のこの物言いに、先生はやっと合点がいったそうである。

その女の子には一歳上の姉がいて、「おそろい」という言葉は耳慣れたものであった。ちょうど「おそるおそる」と「おそろい」が似た音でもあり、「おそろしい」などよりは、「おそろい」が呼びさまされたのである。そして、悪戦苦闘して二つのイメージが靴と結びついたというわけである。何ともいじらしい想像力である。

幼児には知らないことが多すぎる。幼児は、ごくわずかの既知や既体験を通じて、必死に人生を生きようとする。『まるいものなあに?』の絵と同じことで、言葉との関わりも、既知と未知とのこのような素晴らしい葛藤が、ひそかに小さな心の中で展開されるのである。

幼児と関わっている人には、このような例はいくらでも見つけることができるであろう。

テレビを見ながら、ゴロゴロとボールをころがして穴に入れるゴルフを「ゴロフ」と言う子ども。「あつい」という言葉を覚えて、父親のタバコに火をつけるマッチを「アッチ」と言ってきかない赤ちゃん。ベルトをムチのように振り回す友だちを見て、「むちゃするな」と叫ぶ幼稚園児。

単なる舌足らずではなく、知っていることを基礎に必死に言語の学習をする、幼児たちの真摯な生活ぶりである。だからこそ、幼児たちは日に日に成長する。

おとなたちにしてみれば、何とも可愛らしいユーモラスな物言いと思えるものの、幼児にしてみれば真剣勝負である。幼児たちに関わっていると、間違いと指摘することがとりわけ難しいことを体験する。

そしてさらに、このような「おかしな」表現を笑われながら、洒落やユーモアの回路が開かれつつ、ダイナミックな幼児たちの言葉の学習は展開されていくのである。そして同じ表現を繰り返すが、それはもう初めとは違い、おとなを笑わせる効果を十分に知っての営為に変わっている。立ち止まることなく、一歩一歩前へ進んでいくのである。

ウ　無垢な享受

『かさ』（太田大八　文・絵／文研出版）という素敵な絵本がある。ストーリーは、女の子がお父さんの傘を持って駅まで迎えに行き家に帰るという、いわば三六〇度型のごくシンプルなものである。

しかし、文字のまったくないこの絵本は、計算された画面の構成によって、多くのものを語りかけてくる。迎えに行く途中で出会った友だちとそのお母さん……まるで会話が聞こえてくるようである。そしてお菓子屋……ショーウィンドーの中のショートケーキが、迎えに行ったごほうびのように輝いている。

ところで、この見事にまとまった『かさ』には、二か所、不思議なところがある。ひとつは、女の子自身の傘の柄。柄がなかったはずなのに、帰りがけにお父さんの手に持たれた女の子の傘には、大きな白い柄がついている。そして、帰りに立ち寄ったお菓子屋の日よけのテントは、縦縞のデザインが変わっている。

この不思議を指摘したのは、読み聞かされていた幼稚園児たちであった。

「先生、不思議だよ。ほらっ、魔法の傘だ」

一人の幼児の発言に誘われて、みんなが最も期待して見ていたお菓子屋の場面を指差して、
「ほらっ、これだって魔法のテントだよ」
と、別な一人が言ったのである。

これらの反応は、幼児たちの、細かな部分まで目を注ぐ楽しみ方を示す一例と言えるであろう。『とこちゃんはどこ』（加古里子　文・絵／福音館書店）に描かれた五〇人ほどの子どもひとつひとつを見つめて喜ぶあり方や、安野光雅の細密画風な探し絵の、すみずみにまで目を輝かす関わり方と同じである。

そして、『かさ』の場合は、枝葉末節と言える微小部分にまで目配りすることもさることながら、その相違を間違いと受け取るどころか、まったく素直に「魔法」と発想するあたり……幼児の絵本との関わりの、とりわけおもしろいところである。

必死に知ろうとして間違いを犯す「おそろいの靴」のような奇想天外、ひたすら無垢に受け止めた結果の「魔法」のような奇想天外。知り過ぎてしまった常識的なおとなには、と

太田大八『かさ』／文研出版

うてい思い及ばぬ営みが、こうして絵本との関係の中で繰り広げられるわけだ。

松岡享子文、加古里子絵
『とこちゃんはどこ』／福音館書店

そして、幼児それぞれが千差万別のパーソナリティを持ち、それぞれ生活環境・生育歴を異にする個々の生活の中での様々な受け止め方や表現となれば、一層極め難いと言うほかはない。

幼児たちの反応データはできるだけ多く知り、それを、これからの幼児と絵本との出会いの場作りに反映させたいものである。

エ　主人公への同一化

第一級のすばらしい絵本であれば、受け手の幼児がどんな状態にあったとしても、その幼児を絵本の世界に引き込んでしまう。たとえ、絵本の世界とは無縁な精神状態であったとしても、その題材には興味を持っていなかったとしても、あるいは、その絵本の季節が現実とズレていたとしても、優れた絵本は、それらの条件を飛び越えて、読者に迫ってくる力強さを持っているものである。

とはいえ、絵本と幼児たちとが、出会うに最もふさわしい場を持っていることには違いはない。人との出会いを例にとっても、その微妙な条件に左右されて、その関係は濃くも薄くもなってしまうものである。

　たとえば、今江祥智のだいぶ前の絵本、『ひとつ　ふたつ　みっつ』（長新太　絵）の場合、この絵本の題材である「父親の外泊」という体験がその幼児にあるかないかによって、その受け止め方の深さは大いに違ってくるものだ。

「とうちゃんの　かえらない　あさが　ひとつ　ふたつ　みっつ　つづいた　どうしたのかなあ……」という冒頭のページ。

　父親の職業なり、何らかの理由で同じような体験を持っている、まさに「身につまされる」幼児と、「もしかして」と仮定してこの入口を開いた幼児とでは、やはりずいぶん違いがあるだろう。そして、この絵本の主題である父親への愛情も、読者の置かれている状況の差によって、受け止められ方は深くも浅くもなるのである。

　もちろん、体験の有無が、読者の絵本へのひたり方の深浅を決定するわけではない。体験があることによって、冒頭部で、もうその絵本を拒否してしまうこともあり得るし、あまりに自己を投影しすぎて、その絵本の世界とは異質な情感に向かうこともあるだろう。

　しかし、理想的な絵本との関わり方はともかくとして、絵本との親しいつきあい方を語る言葉として、主人公への自己同一化、あるいは感情移入があるように、体験のあることで、よりその絵本の世界に没入できる場合も多いのである。

「ひとつ　ふたつ　みっつ」という、不安や希望や決意を含んだ音楽的なモチーフが、軽やかに、そしてずっしりと幼児の心と体にしみ込んでいくには、やはり、読者の状況を考えつつ、相対的に出会いの工夫がなされるのが有効であろう。優れた絵本であればあるほど、よりよい出会いの場をとらえたいものである。

「まっくらなそらに　あおいほしが　ひとつ　ふたつ　みっつとひかりはじめたようなきもちがした」というクライマックス。音楽会のために徹夜でトレーニングをしていた父親の苦労が理解された場面である。主人公の胸に広がる父親への愛情を、読者の幼児もまた、深く味わってほしいものである。

オ　絵本のＴＰＯ

洋服の選び方等になると、色や値段、そして我が子に似合うかどうかと、様々な物差しで測ってから決定する。

それに比べて絵本となると、良し悪しぐらいで選択してしまうことが多いようだ。もちろん、その良し悪しにしても、新聞や雑誌のうわさが尺度になるくらいで、自分の子どもにふさわしいかどうかということは、さして問題にされない。

やはり何と言っても、絵本を選ぶ折の基本的な物差しは、対象の幼児そのものにあるべきだ。良し悪しを軽視するわけではないが、その幼児にとってふさわしいかどうかという観点の中に取り込んで考えたいものである。

ところで、いわゆる月刊絵本は、一年間を通して、季節感や行事を盛り込みながら製作されている。マスの幼児に対しては、最も基本的なＴＰＯの把握がなされている。幼児の一人ひとりの状況に対応して製作するのが理想だとしても、それはたったひとりの、自分の子どものために創る母親の手創り絵本ならともかく、商業ベースの出版ではどうにもならない。そこで、「せめても」ということで、季節・行事・幼稚園のスケジュールくらいを目安に作られているわけである。

読者の幼児が、今までどんな絵本を経験し、何に興味を持ち、どんな友だちと何の遊びをしているか……絵本のＴＰＯを考えるには、その幼児の心と体の中にあるすべてが参考となる。この意味で、それらの材料をふんだんにとらえているのは、やはり日常的にその幼児と関わっている者であろう。母親や教師が、あるひとまとまりの読者を対象に絵本選びをするには、それらのデータが物差しとなる。

ここでは、幼児個々についてのＴＰＯは、教師や母親の手に委ねるとして、ともかく、第一次とも言うべき基本的なＴＰＯを提供することにする。

⑽　四季と絵本

ア　四季の躍動

四季折々の自然の営み、その中での行事、そして子どもたちの生活……そのどれもが美しくダイナミックで魅力にあふれている。画家・作家は、それらの自然や人間の営みを、感動を母胎に、絵の本を通して幼児たちに伝えたいと願っている。

『はるにれ』（姉崎一馬　写真／福音館書店）は、とりわけ美しい写真絵本である。春夏秋冬、四季の移ろいの中で、夏は豊饒に、冬は厳粛に、「はるにれ」は立っている。文字のない写真絵本が、それぞその場面で読者の幼児たちに、時に優しく、時に鋭く語りかけてくる。そして、それに応えて話しかける。

画面いっぱいに腕を広げた夏のはるにれは、木登りに格好の豊かさだ。幼児たちの冒険心をあおりたてる。雪原に立つ冬のはるにれは、読者を幻想の世界に誘い込む。いわばメルヘンへの誘いである。

「はるにれ」そのものは珍しい木ではない。そのごく平凡な木が、周囲の自然の変化によって、形を変え、色を変え、情感を変化させる。葉が繁り、花を咲かせ、実がなり、枯れてゆくという、植物の常識的な変化以上のものを、四季という時間の流れの中で受け止めていくことは、幼児にとって決して優しいものではない。

けれども、『はるにれ』のように、自然のいくつかの顔を見事に具体化した絵本によって、静かに、そしてダイナミックに繰り広げられる自然のドラマに、一歩でも近づきたいものである。

『はるにれ』が自然だけのドラマであるのに比べ、『りんごのき』（ペチシカ　文・ズマトリーコバー　絵・内田莉莎子　訳／福音館書店）は、木と人間のドラマである。

雪の中の葉一枚ない枯れたりんごの木、葉が繁りハチが飛び交う春のりんごの木、たっぷりと実を結んだ夏のりんごの木、そして、色づいた葉も落ち、とうとう枯れ木になったりんごの木。

りんごがなることへの期待感を軸に、季節がめぐっていく。そして再び、もとの枯れ木になれば、さらに再び、実の成熟を期待させる。話に終りのない絵本である。季節の推移がしごく楽しく描かれ、年少の幼児にふさわしい絵本となっている。

シンプルな人間のドラマと四季の推移が交錯する絵本として、ほかに、『あなたもいますよ』（市川さ

姉崎一馬『はるにれ』／福音館書店

とみ　絵・矢川澄子　文／冨山房）がある。

細密に、にぎやかに描き出された幼児の群像が極めて楽しく、これはあの子に似ている、こっちは妹に似ているといった、探し絵風な楽しみもある。

厚くセーターを着込んだ冬の輪回し、お天気を待ち望みながらの梅雨期の室内遊び、豊かに繁った葉に隠れる夏の木登り、おいしい木の実がどっさりの秋、そしてまた冬の雪だるまづくり。詩情あふれる画面に、それぞれの季節の子どもたちの生活が定着する。

幼児たちは、めったに自分の生活を振り返ったりしないものだが、年の変り目や年度の変り目に、一年間という長時間のサイクルに興味を持つことがある。そんな時期にそれらの絵本に接すると、幼児の心によくしみ込んでいくものである。

ところで、本格的な人間のドラマの場合、特に四季を描こうとしなくても、自然に時間の雄大な流れが生じ、季節もおのずとその中に取り込まれてしまう。

『オーファンとテオ』（駒官録郎　作・絵／金の星社）は、中国大陸を舞台にした、オーファン少年と小馬テオの愛情物語である。

風雪厳しい冬、黄塵の舞う春から夏、そして一気に寒さを増していく秋を背景に、自然に立ち向かい、同時に自然に包み込まれながら、大らかなストーリーが展開される。哀愁に満ちた胡弓の音をモチーフとした、質の高い文芸的な世界である。

季節と人間とがこのように深く関わりながら、悲しみと喜びを際立たせていく『オーファンとテオ』は、絵本でありながら、小学校三年生くらいまでの子どもたちの心に食い入る深さを持っている。

文芸的な質の高さで言えば、谷川俊太郎の詩に、堀文子が見事な絵を描いた『き』（至光社）も忘れられない。

しらない　ひとと
ともだちに　なった
こもれびの　おちる
なつのひの　ごご

たとえば、この一節は、冬から秋にかけての一本の木と人間、そして、周囲の自然現象との交錯を、みずみずしくさわやかな言葉でとらえている。

ただし、これは、幼児たちの興味を自然に引きつけるといった絵本ではなく、作者が願う、言葉とのやさしいつきあい方を感じ取ってもらいたい類のものである。

四季と絵本となると、ある程度の科学的なものの見方が入り込んでくるものだ。『ゆかいなかえる』（キープス　文・絵　石井桃子　訳／福音館書店）はストーリー絵本だが、卵から蛙になり、外敵を防ぎながら冬眠を迎えるまでの一年間が、その生態を基盤に展開されている。蛙の一年間が、そのまま物語性を持っているとも言えるであろう。

　春夏秋冬の絵本に入る前に、四季をテーマにした絵本を幾冊か抽出してみたが、本来なら、それぞれの季節感を認識していればこその四季のおもしろさであると言えるかもしれない。

「ちいさいおうち」（バートン　文・絵　石井桃子　訳／福音館書店）

「ちさとじいたん」（阪田寛夫　詩・織茂恭子　絵／佑学社）

「なきむしようちえん」（長崎源之助　文・西村繁男　絵／福音館書店）

「二ほんのかきのき」（熊谷元一　文・絵／福音館書店）

「はる　なつ　あき　ふゆ」（バーニンガム　文・絵／ほるぷ出版）

イ　春の絵本

春、三月・四月・五月の絵本。

　芭蕉の夏炉冬扇ではないが、冬に、暖かい部屋の中で海を題材とした絵本を見るのも、それはそれで別な楽しみがある。しかし逆に、それぞれの季節にもっとも似つかわしい言葉や絵の世界はある。

梅・桜・桃・たんぽぽ・れんげといった野の花等の彩りには、とりわけ春らしい季節感が充満している。しかし、どちらかと言うと、絵本に表現されるこれらの花は、華麗な満開ぶりを見せる時期よりは、荒涼とした冬景色の中でひっそりとエネルギーを蓄え、それが春の時を得て初々しい彩りをわずかに見せる、初春に集中しているようでもある。

それらは、それぞれの季節のまっ盛りには、大らかな美しさと魅力に満ちているが、季節の移ろいの中にも、栄華に向かって力強く、あるいは休息に向かってもの寂しく、象徴性を帯びた微妙なたたずまいを見せるものである。春の花の絵本は、その移ろいに、冬を克服した力強さを表現することが多いというわけである。

また、春という季節は、入園・入学・卒業等、人生の一つの節目である。

幼児たちに、これから経験する幼稚園や小学校への期待と、少しばかりの予備知識の意味を込めて、入園や入学が絵本の重要な題材となることは非常に多い。ただおもしろいことに、卒業や卒園が描かれることは少ない。これは、幼児たちが過去を振り返って生きる世代ではないことと、幼児自身の発達の中で、「別れ」がまだ大きな意味を持っていないことに由来しているようだ。

幼稚園や小学校の場が、どんなに楽しい遊びに満ちているか……絵本や幼年童話ではそこ

『はなをくんくん』／福音館書店

を強調する。もちろん、現実の園や小学校はそうはいかない。この種の物語と関わって強烈な楽しいイメージができ上がっていたとすると、裏切られることもあるだろうが、これは反面、現実の園や学校をより楽しいものにしていこうとするエネルギーにもつながるものだ。

春には、そのほか、ひなまつり等の行事を扱った絵本もあり、春めいた風景の中で、人間や動物たちの営為が描かれることは多い。

〈春をテーマにした絵本〉

＊入園・入学（保育園・幼稚園・小学校）

『ようちえん』（ブルーナ　文・絵　石井桃子　訳／福音館書店）

『がっこう』（バーニンガム　文・絵　谷川俊太郎　訳／冨山房）

『ぐるんぱのようちえん』（西内みなみ　文・堀内誠一　絵／福音館書店）

『バーバパパのがっこう』（チゾン&テイラー　文・絵　やましたはるお　訳／講談社）

『いやいやえん』　（中川李枝子　文・大村百合子　絵／福音館書店）

『一年生になったぞワン』　（竹崎有斐　文・　西川おさむ　絵／あかね書房）

『わたしもがっこうへいきたいわ』
（リンドグレーン　文・ヴィークランド　絵・いしいみつる　訳
／ぬぷん児童図書出版）

『あした、がっこうへいくんだよ』
（カントロウィッツ　文・パーカー　絵・瀬田貞二　訳／評論社）

＊花（桜・れんげ・たんぽぽ等）

『はなをくんくん』　（クラウス　文・サイモント　絵・木島始　訳／福音館書店）

『春のうたがきこえる』　（市川さとみ　文・絵／偕成社）

『わたしのワンピース』　（にしまきかやこ　文・絵／こぐま社）

『ちいさなたんぽぽさん』　（たかはしひろゆき　文・絵／秋書房）

『やさしいたんぽぽ』　（安房直子　文・南塚直子　絵／小峰書店）

『は・はるだよ』　（与田早一　詩・しまきあやこ　絵／偕成社）

＊生き物

『はるですよふくろうおばさん』（長新太　文・絵／講談社）

『ふたりはともだち』（ローベル　文・絵　三木卓　訳／文化出版）

『もずのこども』（おきがく文・絵　講談社）

『はらぺこあおむし』（カール　文・絵・もりひさし　訳／偕成社）

ウ　夏と絵本

夏季が絵本のストーリーの背景となることは多い。

幼児にとって、絵本はあそびの領域の文化財であり、必然的にあそびが描かれることになる。特に、あそびの天下とも言うべき夏の長い休みは、絵本の格好の舞台となる。そして、舞台に海水浴や砂浜のあそび、貝拾い等が描かれる絵本は相当量ある。加えて、子どもの生活圏外のいわゆるフィクションとして、海の冒険や海の生き物の魅力をドラマティックに描いた絵本もかなりある。

子どもの本の歴史が始まってから現在まで、海の魅力は、子どもの本にとって欠くことができないテーマであったようだ。

風景としての海、あそびの場としての海、また冒険の対象となる海、そしてさらに、自然を学ばせてくれる海として、現代の幼児絵本は、とりわけ楽しい世界を提供してくれる。

もちろん、ダイナミズムを追求する幼児絵本にあっては、自然観賞の対象として、単に美しい風景として海を取り上げることは少ない。やはり、あそびと冒険の宝庫としての海が登場し、ドラマティックなストーリーが展開されるものが圧倒的だ。

しかし時には、静かに海の香りやつぶやきを、そして微妙に変化する海の色をも、幼児たちに取り込んでほしいものである。優れた画家や作家たちの大いに工夫しているところである。

夏では、その太陽の激しさと同じように、行動的で迫力ある題材が取り上げられるが、「祭」もそのひとつである。

『スイミー』／好学社

祭を題材とする絵本の場合、伝統忘れ・地方忘れ・土忘れといった、現代絵本の傾向に対するひとつの警告をモチーフとしていることが多い。

このところ、祭も商業ベースで実施されているものが多くなっているが、本来の祭の楽しさを知ってほしいという願いが込められているわけだ。間接経験としての絵本よりも、じかに祭のにぎわいに触れたほうがよいに決まっているが、絵本の場合、祭の全体像をスムーズに伝える可能性は大きい。伝統的な民俗の見事さは大切にしたいものだ。

ところで、このような夏の華麗な激しさは、昼の世界のものである。夏には、空を覆う星のきらめき、ほのかに明滅して飛び交う蛍など、著しく抒情をかきたてる夜の世界もある。

『あめがふるときちょうちょはどこへ』／金の星社

夏の季節は梅雨に始まる。「雨」を題材にした絵本は極めて多い。年齢的にはファーストブックと言えるものから物語絵本・科学絵本と、その幅も広い。

雨は幼児たちにとって、自分を家に閉じ込めるものだ。まだ雨に情緒をかきたてられる発達段階ではないし、どちらかと言うと、好きではなさそうだ。常識的に考えるなら、テルテルぼうずに晴れの願いをかけるのが、子どもたちである。

しかし、実際は少し違う。とりわけ雨を好んでいるわけではないにしても、幼児たちは雨を嫌ってはいない。雨に濡れたり、自動車にハネをかけられたり、あるいは水と土でドロンコになったりすることは、嫌がるどころか、けっこう楽しいらしい。

雨を嫌いにするのは、逆におとなたちの常識によるもので、「病気になる」等という言い分が、いつの間にか、子どもの心に忍び込むのである。むしろ、傘や長靴などは、幼児の大好きな小道具でもある。そのようなわけで、雨の日の絵本が多くなるのであろう。もちろん、雨の日の情緒も、作者たちの期待しているところではあるが……。

〈夏をテーマにした絵本〉

＊梅雨・雨等

『ちいさいモモちゃん　あめこんこん』（松谷みよ子　文・中谷千代子　絵／講談社）

『だるまちゃんとかみなりちゃん』（加古里子　文・絵／福音館書店）

『あめのひ』（シュルヴィッツ　文・絵　矢川澄子　訳／福音館書店）

『あめがふるときちょうちょはどこへ』（ゲアリック　文・ワイスガード　絵・岡部うた子　訳／金の星社）

『おじさんのかさ』（さのようこ　文・絵／銀河社）

『あめのひのおるすばん』（岩崎ちひろ　文・絵／至光社）

『あめのひのおさんぽ』（レシェフラー　文・ウェンゼル　絵・若林ひとみ　訳／文化出版）

『かさどろぼう』（ヴェタシニフ　文・絵　いのしまようこ　訳／福武書店）

『あめのひってすてきだな』（カスキン　文・絵　与田準一　訳／偕成社）

『せんたくかあちゃん』（さとうゆきこ　文・絵／福音館書店）

『あかいかさ』（ブライト・Ｒ　文・絵　清水真砂子　訳／ほるぷ出版）

＊海・海水浴・水遊び・キャンプ等

『うみべのハリー』（ジオン　文・グレアム　絵・わたなべしげお　訳／福音館書店）

『すばらしいとも』（マックロスキー　文・絵　わたなべしげお　訳／福音館書店）

『ぼくおよげるよ』（西内ミナミ　文・いまきみち　絵／童心社）

『ひとりぼっちのキャンプ』（ガリック夫妻　文・絵　渡辺安佐子　訳／岩崎書店）

『どろんこハリー』（ジオン　文・グレアム　絵・渡辺茂男　訳／福音館書店）

『ターちゃんとペリカン』（フリーマン　文・絵　さいおじさちこ　訳／ほるぷ出版）

『月夜のこどもたち』（アドレー　文・センダック　絵・岸田衿子　訳／講談社）

＊海の生物・夏の動物・植物等

『スイミー』（レオニ　文・絵／好学社）

『きゅうすいとうのくじら』（シュトイ　文・絵　佐久間彪　訳／至光社）
『ほたるの子ミオ』（ホリガー　文・トゥルンカ　絵・矢川澄子　訳／メルヘン社）
『ほたるにのったみゆき』（岡野薫子　文・瀬戸好子　絵／金の星社）
『ほうまん池のカッパ』（椋鳩十　文・赤羽末吉　絵／銀河社）
『かいぞくオネション』（山下明夫　文・長新太　絵／偕成社）
『ふきまんぶく』（田島征三　文・絵／偕成社）
『あかりの花　中国民話』（赤羽末吉　絵・君島久子　再訳／福武書店）

＊夏の祭
『ぎおん祭』（山中冬児　文・絵／岩崎書店）

エ　秋と絵本

九月・十月・十一月……一年のうちで最も落ち着いた季節である。幼稚園や小学校では、その落ち着いた気候のもとに、いろいろな行事が行われる。運動会や遠足や発表会、そして写生会等、そしてもちろん、学習も充実する。

そして、多くの果実が収穫期を迎え、同時に紅葉、次いで落葉と、野山の変化は著しい。

夜ともなれば、秋の虫たちの音色が心にしみ込んでくる。

しかし、他の季節と比較すると、秋の自然を背景にした絵本は決して多くはない。書物を捨てて行動しようということであろうか。

基本的に、子どもたちは直接体験を通して経験を拡大すべきである。落ち葉や虫の音色などもじかに受け止めるべきであるが、この問題は、何も秋に限ったことではない。

とすると、冬を迎えるひっそりとしたイメージ、大げさに言うなら、「凋落」のイメージは、幼児絵本になりにくいのであろうか。「ありと　きりぎりす」の話のように、未来を目指す準備の期間と、意識的にとらえる見方はできるが、何と言っても、秋はやはり散りゆく季節である。寂しさやもの悲しさと無縁ではない。

動的な運動会や遠足、作物や果実の取り入れのすんだ町や田園は、冬のがらんとした風景へと移っていく。

ここでは例として、ダイナミックな行事と、労働の成果である収穫と、秋のシンボルでもある落葉や虫たちを選んでみた。

ところで、日本の幼児向き絵本の典型と言われる『ぐりとぐら』が、秋の森を舞台にしているのは楽しい。秋の情趣などは問題とせず、動的なストーリーを作り上げてみせたのである。

平均的なおとなたちは、散歩の途中等で「ほら、こおろぎが鳴いているよ」と、幼児に、その音色を聞きとらせようとする。ところが幼児のほうでは、こおろぎがいたとなれば、それを取ろうという気持ちを起こすのが普通である。おとなは、音色から情緒的イメージの拡大を図る。幼児は、自分とこおろぎを関係づけ、確かめたり、そこから可愛がったりするドラマを期待するものである。

ひたすら情操をたよりとするような、絵本製作の立場もわかるというものである。そして、この『ぐりとぐら』は、その点で幼児絵本の意味を問いかけてもいる。

『かにむかし』／岩波書店

季節の持つ情緒的特質は大切にしたいものだが、それのみに頼ると、あくまでもシーズンを背景と考える幼児たちの、絵本への期待を鈍らせることもある。

AかBかという二者択一の問題ではない、幼児絵本製作の難しい点であろう。

〈秋をテーマにした絵本〉

＊収穫（果実・木の実等）

『ちいちゃんとじゅうごや』（しみずみちを　文・絵／銀河社）

『おおきなかぶ』（ロシア民話　内田莉莎子　訳・佐藤忠義　絵／福音館書店）

『ぐりとぐら』（中川李枝子　文・大村百合子　絵／福音館書店）

『おばけリンゴ』（ヤーノシュ　文・絵　やがわすみこ　訳／福音館書店）

『おおきなおおきなおいも』（赤羽末吉　文・絵／福音館書店）

『かにむかし』（木下順二　文・清水崑　絵／岩波書店）

『りんごのき』（ペチシカ　文・ズマトリーコバー　絵・内田莉莎子　訳／福音館書店）

『かぼちゃひこうせんぷっくらこ』（ヘルシング　文・オットー　絵・奥田従夫　訳／アリス社）

＊落葉・木等

『かぜのおまつり』（いぬいとみこ　文・梶山俊夫　絵／福音館書店）

『おじいちゃんにあいに』

（ピーターソン　文・オットー　絵・奥田従夫　訳／アリス社）

『かけすとかしの木』（平井芳文　文・津田櫓冬　絵／小学館）

『おおきな木』（シルヴァスタイン　文・絵　本田錦一郎　訳／篠崎書林）

『モチモチの木』（斎藤隆介　文・滝平二郎　絵／岩崎書店）

＊運動会・遠足等

『森のうんどうかい』（丹崎克房　文　上條滝子　絵／ポプラ社）

『とんぼのうんどうかい』（かこさとし　文・絵／偕成社）

＊秋の生物等

『かえるのいえさがし』（石井桃子　文・川野雅代　絵／福音館書店）

『あかいぼうし』（あまんきみこ　文・鈴木義治　絵／偕成社）

『スイッチョねこ』（大佛次郎　文・朝倉摂　絵／講談社）

オ　冬と絵本

クリスマスを題材にした絵本、雪降る情景を舞台とした絵本が多いため、冬をテーマにしたもの全体では相当な割合を占める。

しかし、この冬の絵本も、クリスマス絵本が多いわりには、同じようにプレゼントをもらえる場でもある、伝統的な正月が扱われることが少ないのは残念である。コマーシャリズムと、一種の外国びいきがその原因であろうか。

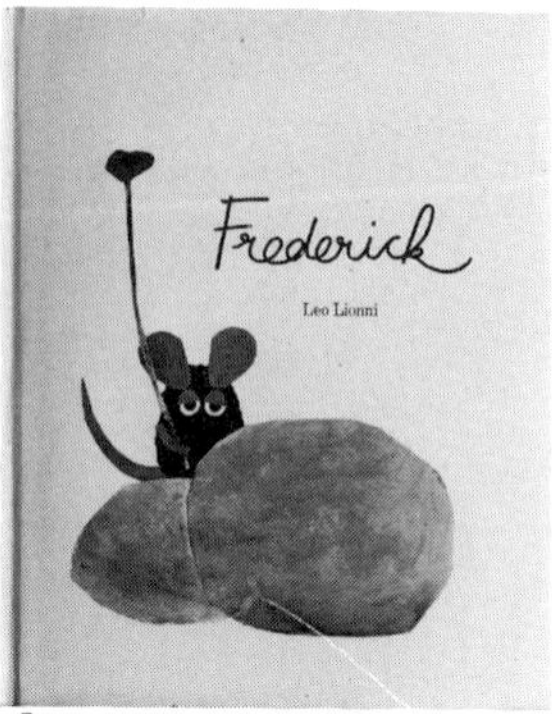

『フレデリック』／好学社

雪を題材とした絵本にしても、その雪降る情景は、瓦屋根や松の木という古来日本にある姿よりも、モダンな街並の愛玩用の犬のいる芝生といった「西洋風」である場合が多い。いたずらに、日本の現実の風俗を古色に戻そうというのではないが、やはり、若干の寂しさを感じるところである。

なにしろ、諸外国の翻訳絵本が多いので、あまりにアナクロニズムな日本の絵本は、存在が薄れてしまう。

住宅を建てる時にプレハブ住宅の展示会場や即成の街並を見て、西洋風にしようか、純日本風にしようかと思い迷うものだが、絵本にしても同じことである。何の迷いもなく、クリスマス絵本が作られ、迷いなくそれを幼児たちに買ってこられるのでは、いささか見識がないと言わざるを得ない。何が幼児の喜びを誘い出すかということ、幼児に何を伝えたいかということが、バランスよく創造と伝達の場に反映されるのが理想である。

雪が時々降るくらいの地域に住む子どもたちにとって、雪はまるでアイスクリームのようであろう。まさしく、天からの贈り物という感じであろう。雪の絵本は、こういった発想で作られることが多い。当然、そこであそぶ子どもたちの楽しさがテーマとなる。

しかし、生活が限定されるような雪深い地方では、その意味はまた違ってくる。雪の絵本の中には、このような生活的な発想の作品もある。

幼児の楽しみと、おとなたちによる一種の指導性は、幼児絵本にとって、共に必要なものである。

また雪は、ファンタスティックな物語の背景として、格好の素材でもある。雪は、人や物の姿を変え、すっかり隠してしまう。雪の夜景などは神秘的でさえある。確かに、作家や画家の創作意欲を大いに刺激する題材であると言えよう。時にロマンティックな妖精話となり、時に恐ろしい怪談にもなる。

〈冬をテーマにした絵本〉

＊雪

『ゆきのひのうさこちゃん』（ブルーナ　文・絵　石井桃子　訳／福音館書店）

『ゆきのひ』（キーツ　文・絵　きじまはじめ　訳／偕成社）

『かさじぞう』（瀬田貞二　再話・赤羽末吉　絵／福音館書店）

『しろいセーターのおとこの子』（杉みき子　文／金の星社）

『フレデリック』（レオーニ　文・絵　谷川俊太郎　訳／好学社）

『大雪』（ヘンツ　文・カリジェ　絵・生野幸吉　訳／岩波書店）

『ゆきむすめ』（内田莉莎子　再話／福音館書店）

『ゆうかんなアイリーン』（スタイグ　文・絵　おがわえつこ　訳／セーラ出版）

『はたらきもののじょせつしゃけいてぃー』（バートン　文・絵　石井桃子　訳／福音館書店）

『ゆきだるま』（ブリッグス　作／評論社）

『ウッレと冬の森』（ベスコフ　文・絵　おのでらゆりこ　訳／らくだ出版）

『あかいそり』（まじませつこ　文・絵／福音館書店）

＊クリスマス等

『ノンタン！サンタクロースだよ』
（おおともやすお・さちこ　文・絵／偕成社）
『こうさぎのクリスマス』
（松野正子　文・荻太郎　絵／福音館書店）
『ぐりとぐらのおきゃくさま』（中川李枝子　文・山脇百合子　絵／福音館書店）
『さむがりやのサンタ』（ブリッグス　文・絵　菅原啓州　訳／福音館書店）
『クリスマスのうさぎさん』（ウィルとニコラス　文・絵　わたなべしげお　訳／福音館書店）
『クリスマストムテン』（リュードベリィ　文・ウィベリィ　絵・おかもとはまえ　訳／佑学社）
『サンタクロースっているでしょうか？』（ニューヨーク・サン新聞社説・中村妙子　訳・東逸子　絵／偕成社）
『どうぶつたちのクリスマス』（ファーバー　文・クーニー　絵　太田愛人　訳／佑学社）
『ぎんいろのクリスマスツリー』（ハッチンス　文・絵　わたなべしげお　訳／偕成社）
『クリスマスのものがたり』（ホフマン　文・絵・生野幸吉　訳／福音館書店）

『子うさぎましろのお話』（佐々木たづ　文・みよしせきや　絵／ポプラ社）

＊正月・冬の生活・あそび

『たこぼうやのたこあげ』（やましたはるお　文・わたなべようじ　絵／偕成社）

『あかっぴょろ』（筒井敬介　文・太田大八　絵／あかね書房）

『ぼうさまの木』（松谷みよ子　文・瀬川康男　絵／講談社）

『かえるのいえさがし』（石井桃子　文・川野雅代　絵／福音館書店）

『おおさむこさむ』（瀬川康男　絵／福音館書店）

『きたかぜとたいよう』（ラ・フォンテーヌ　文・ワイルドスミス　絵・わたなべしげお　訳／らくだ出版）

III　その他の児童文化財

〈写真協力〉日本玩具博物館

i　おもちゃ・玩具・遊具

「おもちゃ」・「玩具」は、英語では「トイ（toy）」あるいは「プレイスィング（play thing）」、ドイツ語では「優良マーク」で知られている「シュピールツィング（spielzeng）」で表す。日本語の「おもちゃ」であるが、定説になっているのは、「もちあそび」を語源とするというものである。つまり、「手で持ってあそぶ」という意味合いである。

また、「玩具」という語は、中国の古代の文献『後漢書』中の「翫弄之物」から来たと考えられている。

さらに「遊具」は、児童公園・児童遊園・校庭等にあるブランコ・すべり台等の、大型の固定したあそび道具を意味している。

おもちゃ・玩具のルーツとしては、宗教的儀式や故人の副葬品として使用された人形等が考えられる。それらが時代を経て、あそび道具として自立したものが出てきたという見方ができる。

日本のおもちゃと言えば、大陸から渡来したものと考えられている、平安時代のこまやすごろく類がある。ただし、これらはおとなのための慰めの品で、子どものあそび道具というわけではなかった。

これらが子どものものに変わってくるのは、江戸時代の町人文化隆盛の時代を迎えてからであると言われている。

明治時代の、金属・ゴム・セルロイド製の子どもを対象としたおもちゃは、ヨーロッパからの輸入品であった。竹や木による郷土色豊かで伝統的なおもちゃもあったが、子どもにとっては、輸入おもちゃの魅力は絶大であった。

ヨーロッパでは、十五、六世紀にドイツ・ニュールンベルク周辺で、多くのおもちゃが製造されていた。アンデルセンの童話に「錫の兵隊」があるが、十八世紀になると、ニュールンベルクでは錫製の兵隊の人形を作り、世界へ輸出していた。その後、プレス加工することで大量生産できるブリキのおもちゃが現れ、明治の子どもの前にも送られてきたのである。

ところで、日本の初期の幼稚園教育では、フレーベル（F・W・Fröbel 独 一七八二―一八五二）の考案した「恩物（独 gabe、英 gift）」が教材として使われることが多かった。フレーベルと言えば、世界で初めての幼稚園（kinder-garden）を創った教育者である。

「恩物」は、教材として作られたものであっ

第1の恩物	直系約6cmのやわらかき6色のまり。赤、黄、青、橙、緑、紫。ひも付きと、ひもなしがある。
第2の恩物	直系6cmの木製の球、底面の直径6cm高さ6cmの円筒、一辺6cmの立方体。
第3の恩物	一辺3cmの木製の立方体8個。箱入り。
第4の恩物	一辺が3cm、1.5cm、6cmの直方体8個。箱入り。
第5の恩物	一辺3cmの立方体21個、この立方体を対角に二等分した6個の三角柱、この三角柱を二等分した12個の小三角柱、合計39の立体。立方体。箱入り。
第6の恩物	第4恩物の直方体と同形の直方体18個、その直方体を縦および横に二等分した一辺1.5cmの正方形を底面とした高さ6cmの直方体6個、一辺3cmの正方形を底面とし、高さ1.5cm直方体12個、計36個の小立体。箱入り。
第7の恩物	一辺3cmの正方形および各種の三角形の色板。（正三角形、直角二等辺三角形、直角不等辺三角形、鈍角三角形、鋭角三角形）。
第8の恩物	3cm、6cm、9cm、12cm、15cmの五種類の長さの直線の細い木の棒。
第9の恩物	金属性の全環および半環、四分の一環……（第2恩物木製の球と同じ直径のもの）
第10の恩物	豆、小石の粒。
＊以下、第11から第20までは諸種の手技材料具。	

フレーベルの恩物

たが、幼児のあそびと主体的活動を重視したもので、後の「構成玩具」と呼ばれるおもちゃに深く影響を与えたのである。

　このように、日本の児童対象のおもちゃは、輸入ものによって始まったわけだが、輸入のおもちゃに刺激されて、日本のおもちゃ業界も国内生産に励むこととなる。ところが、それと共に、伝統的なおもちゃは、次第に児童の生活圏から少なくなっていったのである。

　その後、大戦後から現在に至るまでに、日本のおもちゃ製造は活発化し、諸外国へ輸出する立場へと変わっていくのである。

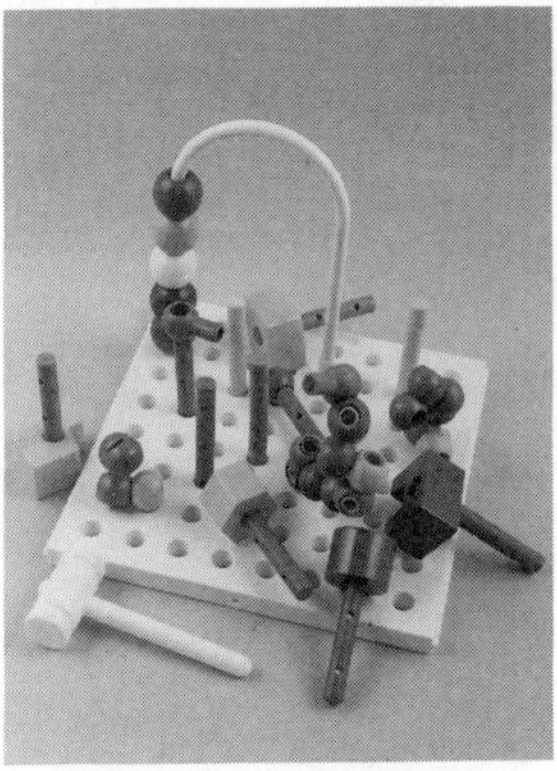

▲▼現代玩具の例

(1) おもちゃの種類と意味

一般に、おもちゃには、次のような分類がある。

〈主たる材料による整理〉

金属（合金・アルミニウム・鉄）——ロボット
プラスチック——ガラガラ
布——ぬいぐるみの動物
木——つみ木・動物
ゴム——まり
セルロイド——吊しメリー
紙——風船・カルタ
ガラス——ビー玉

＊セルロイド製は危険であるために、現在不燃性のものが使用されている。

〈用途による整理〉

乳児を楽しませるもの（育児玩具）——おしゃぶり

抱いてあそぶもの（人形玩具）――――抱き人形

動かしてあそぶもの（乗り物玩具）――――電車

可愛いがる動物のもの（動物玩具）――――ぬいぐるみ

ごっこあそびの道具（まねごと玩具）――――ままごと道具

音を楽しむもの（音響玩具）――――卓上ピアノ

組み合わせを楽しむもの（構成玩具）――――ブロック

体を動かしてあそぶもの（運動玩具）――――ボール

指先であそぶもの（手技玩具）――――おはじき

複数で競うもの（ゲーム）――――すごろく

主として学ぶもの（学習玩具）――――文字つみ木

〈あそび方による整理（固定）〉

のぼる――――ジャングルジム

ふる――――ブランコ

すべる――――すべり台

上下運動する――――シーソー

つりさがる――鉄棒
くぐる――トンネル
まわる――メリーゴーランド
わたる――杭渡り
複合運動――ロープ、網、棒等を組み合わせたもの
プレイスカルプチュア――彫刻遊具

（「児童遊園の研究」／日本児童福祉協会　一九七三・五）

現在では、子どもたちのおもちゃには、前の分類では扱いきれないものも登場してきている。また、それが圧倒的な人気を保有しているのである。

(2)　キャラクターグッズ

日本で言う「キャラクターグッズ（Character Goods）」は、アメリカでは同じ意味で「プロパティ（Property）」の語を使用している。

幼児から二〇代の女性まで、いわゆるキャラクターグッズは幅広く好まれる。ファンシー

ショップやデパートの玩具・小物の売り場を眺めただけでも、その絶対量の多さに驚かされてしまう。

ところで、このキャラクターグッズは、どのように現れ、どのように展開してきたのであろうか。

いわゆるキャラクターの立体化現象は、昭和三〇年前後に始まる。

「赤胴鈴之助」（「少年画報」一九五四）は、ラジオ（一九六一・一）、テレビ（一九五七・十）、そして映画と、ジャンルを超えて、子どもたちに圧倒的に支持されたマンガであった。このマンガの主人公「赤胴鈴之助」というキャラクターの魅力に染まって、赤胴鈴之助の竹刀や胴、その他の関連商品が販売された。一九五八年五月から半年間に、九本も封切られた赤胴映画の異常人気の中で、これらの商品も大いに売れたわけである。

また一九六三年一月、手塚治虫の人気マンガ「鉄腕アトム」がテレビアニメーションとして放映（フジテレビ）されると、テレビの普及もあって、大変なアトムブームとなった。アトムのキャラクターグッズが各種製作され、幼児・小学生の購買欲を誘ったのである。マンガとテレビ、人気キャラクターとキャラクター商品という、商業主義的モデルが成立したと言えよう。

その後、マンガからテレビアニメーション化された「オバケのＱ太郎」（一九六五）、「タイガーマスク」（一九七〇）、「ひみつのアッコちゃん」（一九七〇）、「帰ってきたウルトラマン」（一九七一）、「仮面ライダー」（一九七一）等の、主人公を始めとした関連素材によるキャラクターグッズにより、テレビの視聴率も上がるという相乗効果を生むに至ったのである。

現在、店頭でよく見るキャラクターグッズを挙げると、「ミッキーマウス」を始めとするディズニーもの、絵本などピーターラビットもの（B・Potter）の「ピーターラビット」、絵本などミッフィーもの（D・Bruna）の「ミッフィー」、アニメーション「となりのトトロ」（宮崎駿）の「トトロ」、幼児番組「セサミストリート」のキャラクターたち、そして「ドラえもん」、「アンパンマン」、「ちびまる子ちゃん」「ポケモン」等、枚挙にいとまがない。

現在のキャラクターグッズの中では既に古典的とも言える、オランダのディック・ブルーナの絵本、「うさこちゃん」シリーズの商品を取り上げるだけでもかなりの数にのぼる。

（ディック・ブルーナ乳児玩具）
はじめてのテレフォン・プレイメリー・はじめてのキッチン・メロディーテレビ・ビジージム・プレイボート・オルゴールカー等

キャラクターグッズ

（セガ乳児玩具）

ソフトローリー・ミニミニソフト・アレーラトル・リング・クルクルラトル・ローリーカップ・ベビーラッパ・サークルチャイム等

（ニチガン木製玩具）

つみ木トラック・乗用スクーター・グランドピアノ・わなげ・おもちゃ箱・もじあそび・どうぶつのきしゃ・ブロックトレイン等

（パイロット知育玩具）

おふろパズル・ベビーブック・おふろえほん・おけいこボード・お

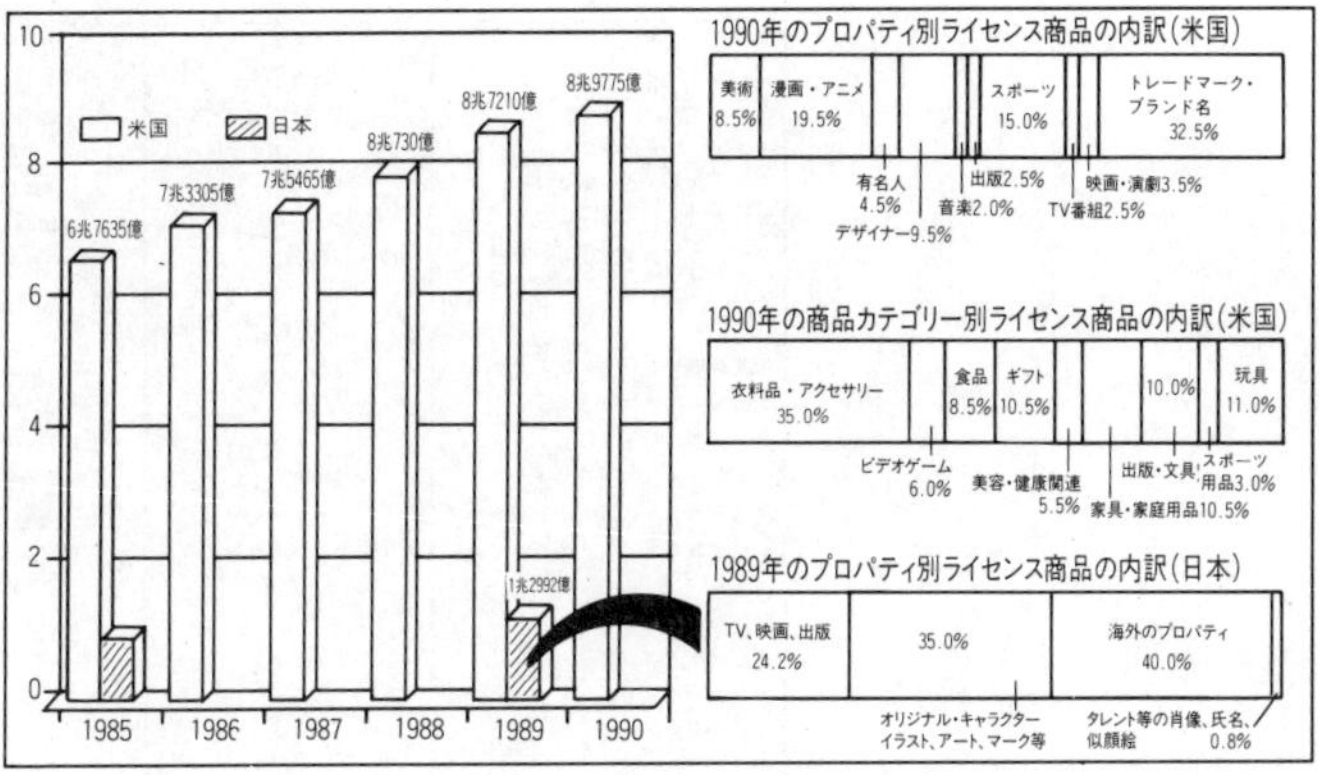

ライセンス商品の売上高（日・米比較）　〈日経トレンディ1991・7 参照〉

たんじょうきろく等

（アポロパズル）
ジグソーパズル・文字パズル・キューブパズル等

（こどものかおスタンプ）
コロコロスタンプ各種

ひとつのキャラクターが、いくつかの会社によって多様なおもちゃとして製作され、販売されるのである。中でも「アンパンマン」ものは、圧倒的な量を誇っている。

おもちゃ名	メーカー	価　格(円)
スーパーファミコン	任天堂	24,272
ゲームボーイ	任天堂	12,136
ゲームギア	セガ	19,800
アニメーションコンピューター	ソニークリエイティブ	25,000
ＤＸ　スターファイブ	バンダイ	5,800
キングエクスカイザー	タカラ	5,800
元祖ＳＤガンダムワールド	バンダイ	480
：		
：		
魔法使いサリー・スピカタクト	バンダイ	2,500
まるちゃんのおうち	タカラ	3,980
プリンセスジェニー	タカラ	3,600
ジェニーシリーズ・ティモテ	タカラ	3,600
リカちゃんマクドナルドショップ	タカラ	3,980
となりのトトロシリーズ(ぬいぐるみ)	徳間コミュニケーションズ	680
水させ	ピープル	3,980
アンパンマン氷かき	アガツマ	2,800
人生ゲーム平成版Ⅱ	タカラ	3,500
モコリンペンセット	トミー	1,500
ミュージカン	タカラ	3,500
レゴゆうれい城	日本レゴ	9,800

1990年人気のおもちゃ　〈「'91平凡社百科年鑑」参照〉

ii　テレビ放送

テレビ（Television）は、静止した画像を点に分解して送る、写真電送を祖とする。ベーン（A・Bain　一八一〇―一八七七）によって、一八四三年に考案された。その後、いくつかの実験的試みを経て、イギリスのベアード（J・L・Baird　一八六〇―一九四〇）が、初めてテレビの公開実験を行ったのである。

テレビ放送は、まず一九三六年にロンドンで実用化されたわけであるが、日本でも、一九四〇年に予定されていた東京オリンピックへ向けて、実用化が図られていた。しかし、第二次世界大戦へ向かう緊張の中で、それも中断されてしまう。

大戦後、イギリス・アメリカでテレビ放送が再開されるが、日本では一九五三年二月一日、NHK東京テレビ局から最初の放送が行われた。

また、カラーテレビは、大戦直後、アメリカのCBSが実験を開始し、一九五〇年代に本格化されるが、日本では一九五六年十二月に実験局が開かれ、そして、一九六〇年九月十日から一般放送が開始された。

日本でのテレビの普及は、映像と言えばテレビの映像を意味するくらいに一般化し、従来の大衆的娯楽の主役の一つであった映画を斜陽に追い込んでしまったほどである。受信機の普及もめざましく、現在では、一家に二台のテレビがあることも普通になってきている。

左の表は、一九九七年に日本ユニセフ協会が調査した、各国の人口千人当たりのテレビ受信台数である。

経済的先進国と言われている国々のこのような状態を見ると、まさにテレビは、日常生活になくてはならない文化財になったと理解できる。情報を得る手段として、また娯楽メディアとして、人類の必需品となった観がある。日本も例にもれない。この調査から推測すると、八千万台あまりのテレビがあることになる。

そのテレビを通じて、どの程度番

国　　名	台　数
アメリカ	806
モナコ	768
カナダ	710
オマーン	694
日本	686
エルサルバドル	677
フィンランド	622
フランス	595
デンマーク	594
ドイツ	567
オーストラリア	554
チェコ共和国	531
イタリア	528
オーストリア	525
イギリス	521
スウェーデン	519
ニュージーランド	512
クエート	505
ラトビア	496
スロヴァキア	488

人口1000人あたりのテレビ受信機数

〈日本ユニセフ協会調査　参照〉

年　度	契　約　数
昭和27	1,485
28	6,779
29	52,882
30	165,666
31	419,364
32	908,710
33	1,982,379
34	4,148,683
35	6,860,472
36	10,222,116
37	13,378,973
38	15,662,921
39	17,132,090
40	18,224,213
45	22,819,000
50	26,545,000
55	29,263,000
60	31,509,000
平成2	33,543,000
7	35,377,000
8	35,816,000
9	36,283,000

テレビ放送受信契約―日本―

〈「放送受信契約数統計」/日本放送協会　参照〉

組と接触しているのかについては、表を参照されたい。

幼児はともかくとして、小学生は、放課後に塾や稽古ごとに通っている場合が多い。都市部以外でも、児童のこのような環境は共通してきているようである。なかなか多忙な日常生活と言わなければならない。そういう生活サイクルの中でテレビを見るには、いきおい最も好きな番組のみを見るというけじめが必要となる。自らの意志ではないにしても、児童があそぶ時間をやりくりしているのは健気なものである。

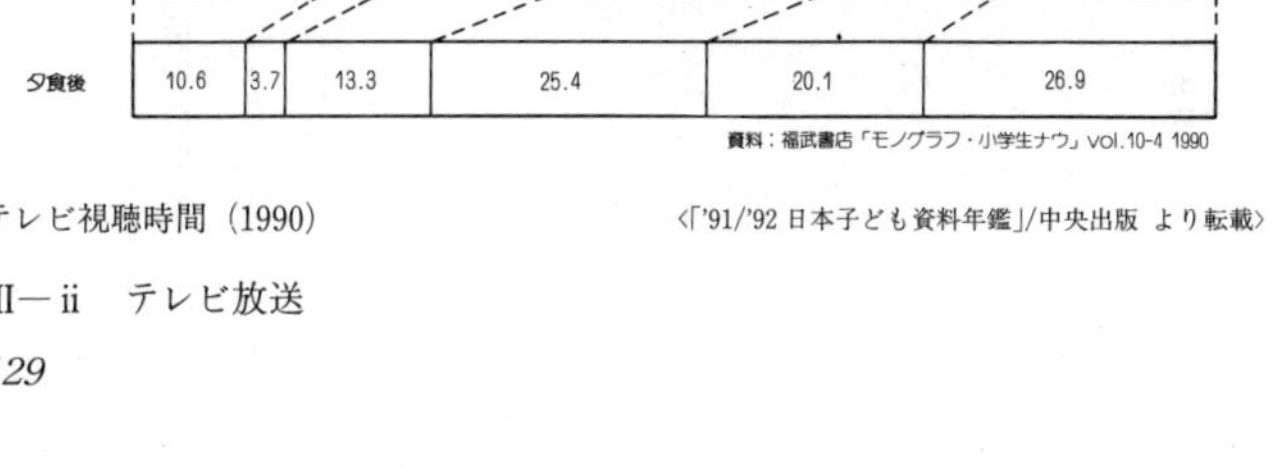

資料：福武書店「モノグラフ・小学生ナウ」vol.10-4 1990

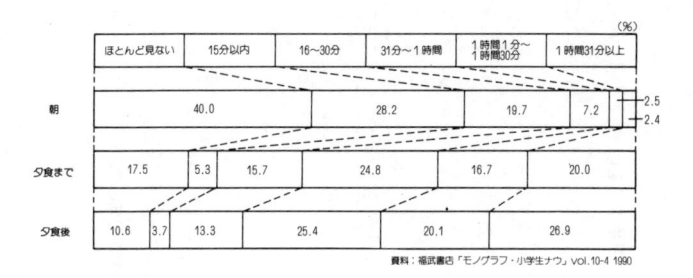

テレビ視聴時間（1990）　〈「'91/'92 日本子ども資料年鑑」/中央出版 より転載〉

iii　アニメーション

映画では、実際の動きを一秒間二四コマで撮影する。そして、アニメーション(animation)は、人形や絵等、動きのない素材を少しずつずらしながら、一コマあるいは数コマずつ撮ることによって、映画のような動きを作り出そうとするものである。基本的には、二四コマの画面を一コマ一コマ作っていくのである。

日本語では、アニメーションを「動画」とか「マンガ映画」と言う。

アニメーションには、「フルアニメーション（full animation）」と「リミテッドアニメーション(limited animation)」がある。フルアニメーションは、一秒間に使う絵が二四枚である。つまり、絵一枚一枚を一コマで撮るのである。

リミテッドアニメーションは、一秒間に使う絵が八枚以下のもの。つまり、ひとつの画を三コマ以上撮るものである。一般のテレビアニメーションの場合、このリミテッドアニメーションによるものが多いようである。

このアニメーションは、映画の祖と言われるほどに古いが、盛んになってくるのは二十世紀に入ってからである。アメリカのフライシャー兄弟の「ポパイ（Popeye The Sailor）」（Fleischer・Max&Dabe）や、ウォルト・ディズニーの「蒸気船のウィリー（Steamboat Will

-ie)」（一九二八）などが生まれてくるのである。とりわけ、ディズニーの登場は、アニメーションを世界的なものとした。

(1) W・ディズニー

ウォルト・ディズニー（W・Disney 一九〇一－一九六六）は、小学校、高校、そして美術学校を働きながら卒業するという、エネルギッシュな少年期を過ごした。一九二〇年以来、切り絵映画などの製作を行い、再三の失敗の後、ハリウッドで成功を収めることとなる。

アニメーションのヒーロー、「ミッキーマウス」の創造である。「蒸気船のウィリー」に登場したミッキーマウスは、その後、「ミッキーの太公望（Fishing Around）」・「ミッキーのピクニック（Camping Out）」（一九三四）・「ミッキーの大演奏会（The Band Concert）」（一九三五）・「ミッキーの化猫裁判（Pluto's Judgment Day）」（一九三五）と、数々の作品で魅力的なキャラクターとして活躍したのである。

さらにディズニーは、「ドナルドダック（Donald's Duck）」といういたずら好きの愛すべきアヒルを創造する。「ミッキーのガソリンボーイ（Mickey's Service Station）」（一九三五）・「ミッキーの大演奏会」（ミッキーの仲間のひとりとして）・「ドナルドの南極探検（Polar Trappers）」（一九三八）・「ドナルドの少年団（Good Scouts）」（一九三九）と発展していくのである。

このようにディズニーは、ヒロイックなキャラクターによって、子どもたちにアイドルを提供し続けたが、反面、古典的な童話等を原作とする、いわゆる「ヒーローを持たないアニメーション作り」にも情熱を捧げた。

「白雪姫（Snow White&The Seven Dwarfs）」（一九三七）・「ピノキオ（Pinocchio）」（一九四〇）・「バンビ（Bambi）」（一九四二）等は、名作童話のアニメーション化であった。

ディズニーの長編の製作費は「ピノキオ」が二百六十万ドルでトップ。以下「ファンタジア」の二百二十万、「白雪姫」の二百万、「バンビ」の百二十万、「ダンボ」の七十万……と続く。

（『アニメーション入門』森卓也／美術出版　一九六六）

ここには、ディズニーの作品が巨額の製作費のもとに作られたことが記されている。まさに、ディズニーアニメーションの黄金時代であった。

その後、ディズニーは、「砂漠は生きている」（一九五三）等の記録映画にも進出し、テレビ番組「ディズニーランド」という新しい分野を広げ、さらに一九五五年には、カリフォルニア州アナハイム市に大遊園地、ディズニーランドを開設する。このように非常に広範囲な活動を続けたのである。

W・ディズニーは、アメリカの巨大な児童文化人であると同時に、二十世紀の世界的大衆児童文化の旗手であったと言えるであろう。

日本における手塚治虫が、大戦後のマンガ界に骨太なストーリーマンガを導入し、さらにSF的手法を駆使するアニメーション映画に乗り出したのも、このディズニーからの大きな刺激があったからにほかならない。

(2) 手塚治虫

手塚治虫（一九二六―一九八九）は、マンガ家としてデビューし、最初の単行本『新宝島』を出版したのは、大戦後二年目の一九四七年であった。その後、手塚は、「ジャングル大帝」や「リボンの騎士」を経て「鉄腕アトム」を生み出し、戦後マンガ界のリーダーとなったのである。この手塚治虫が、アメリカのマンガ映画、ディズニーのアニメーションに強く刺激されつつ、アニメーション映画、そしてテレビアニメーションの製作にも意欲を燃やすこととなる。

もちろん、この時期には、家庭マンガの横山隆一による「ふくすけ」（一九五七）、イラストレーター久里洋二の「人間動物園」（一九六〇）、岡本忠成の児童文学を原作とした「もちもちの木」等も、アニメーション映画として新鮮な風を児童文化の世界に送ったものである。

手塚治虫の「ジャングル大帝」（一九六六）は、このような気運の中で作られた、優れたフィルムではあった。

しかし、この時期はまた、テレビの圧倒的な人気の前に、少しずつ映画が大衆的娯楽から身を引こうとする時でもあった。手塚治虫は、次第にテレビアニメーションに力を注ぐのである。

日本での本格的なテレビアニメーションと言えば、やはり手塚の人気マンガ「鉄腕アトム」

（一九六三）が挙げられる。これは、映画の世界が映画館から家庭へと移っていく転機を迎え始めた時期の作品であった。
とはいえ、アニメーション映画も継続的に製作されていくのである。

　手塚治虫さんは、マンガという分野でもって漫画を変えただけでなく日本の戦後の子どもの文化までも大きく変えた人である。（略）手塚治虫さんが、日本にいたことで、日本の子どもたちは、大変幸せだった。各種の少年漫画から少女漫画にいたるまで、書き下ろし漫画単行本から、新聞、雑誌連載漫画まで、漫画だけでなくテレビ漫画にいたるまで、キャラクターのおもちゃから各種グッズにいたるまで………

（石子順／新日本出版　一九九〇・二）

石子順は、『手塚治虫とっておきの話』の解説でこのように記し、手塚の日本の子どもの文化に果した役割の大きさを語っている。
手塚治虫は、マンガから始まって「ある街角の物語」・「火の鳥」等のアニメーションの傑作まで、幅広く活躍した。手塚に影響を受けた、その後のマンガ・アニメーション作家はすこぶる多い。

(3)　宮崎駿

現代日本のアニメーションの旗手的な存在が、宮崎駿である。宮崎駿は、初め、東映動画で高畑勲と共に、アニメーション「太陽の王子ホルス」（一九六八）を作った。その後、「ルパン三世」（日本アニメ　演出　一九七一）・「未来少年コナン」（日本アニメ　演出　一九七八）等を演出する。とりわけ「未来少年コナン」は、宮崎による単独演出で、その個性の豊かな開花があったと言われている。

そして、「風の谷のナウシカ」を雑誌「アニメージュ」に連載し、徳間書店によるアニメーション映画化（原作・脚本・監督　一九八四）によって、人気作家となる。「天空の城ラピュタ」（スタジオジブリ　一九八六）・「となりのトトロ」（スタジオジブリ　原作・脚本・監督　一九八八）・「魔女の宅急便」（スタジオジブリ　監督　一九八九）・「おもひでぽろぽろ」（スタジオジブリ　製作　一九九一）と続いている。これらの作品では、常に高畑勲が製作・演出・脚色、時に音楽監督として、宮崎を助け支えている。

「ルパン三世」・「となりのトトロ」・「魔女の宅急便」「おもひでぽろぽろ」等では、そのキャラクターグッズも大量に販売されている。

宮崎による、あるいは高畑と共同のこれらの作品は、劇場映画や劇場アニメーション全体の斜陽な中にあって、力強い存在である。

iv マンガ

日本で最初のマンガは、北沢楽天によって描かれた「田吾作と杢兵衛の東京見物」（一九〇六）とされている。しかし、マンガが広く認知されるようになるのは、宮尾しげをの「団子串助漫遊記」（一九二三）や、椛島勝一の「正チャンの冒険」（一九二三）といった、児童を対象とした作品の頃である。

その後、「少年倶楽部」（大日本雄弁会講談社）に連載が始まった田河水泡の「のらくろ二等兵」（一九三一・一―一九四一・一〇）は、児童たちの人気を独占する。主人公「のらくろ」の階級昇進という出世に、「少年倶楽部」の読者たちは心を躍らせたものである。後に、それぞれ単行本として販売されたが、一点で一五〇万冊を売ったとも言われている。

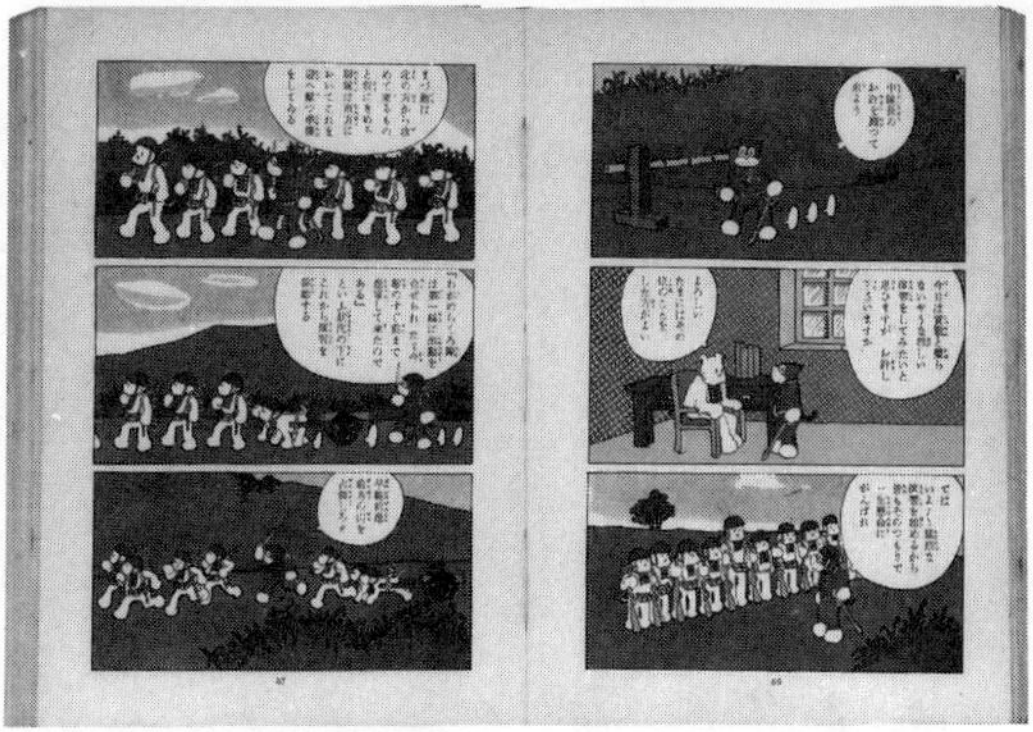

田河水泡『のらくろ少尉』／講談社

続いて「少年倶楽部」には、「冒険ダン吉」（島田啓三　一九二八・七―一九三九・二）が連載され、同じ大日本雄弁会講談社の「幼年倶楽部」に、阪本牙城の「タンク・タンクロー」（一九三四・九―一九三六・十二）が連載され、それぞれが人気を博したのである。

大戦後になると、怪奇趣味あり、家庭マンガあり、スポーツマンガありと、百花斉放である。

どくろ顔の「黄金バット」（松永健夫）、ユーモアあふれる「サザエさん」（長谷川町子　一九四六・五―「夕刊フクニチ」・一九四九・十二―「朝日新聞」）、柔道マンガの「イガグリくん」（福井英一）等である。

中でも、「朝日新聞」に一九七四年まで連載された「サザエさん」は、二十五年間、常に新鮮な笑いを提供し続けてきた。

そして、昭和二七年（一九五二）に、手塚治虫の「鉄腕アトム」（「少年」）が登場するのである。これは、二十一世紀のロボットの英雄、アトムの、ロマンあふれる物語であった。そして、その絵画形象も映画的手法を巧みに利用し、マンガの新たな時代への転換を創造したのである。

一九六〇年頃になると、個性豊かなマンガ家の輩出と、新たな劇画の登場が、読者を魅了することになる。また、一九五九年に創刊した「少年マガジン」・「少年サンデー」というマンガ発表の大きな舞台があったことは記憶すべきことである。

白土三平の「忍者武芸帳」（全十七巻　一九五九―一九六二／三洋社）は、影丸一族の興亡の物語が劇的に描き出されている。

高森朝雄作、ちばてつや絵の「あしたのジョー」（一九六八―一九七三　「少年マガジン」連載）は、いわゆるスポーツマンガの世界を、現実感を伴った迫力ある世界に作り変えてしまった。

また、現在では古典的とさえ言える「オバケのＱ太郎」（藤子不二雄　一九六四―一九六六「少年サンデー」連載）のように、ほのぼのとした世界もあった。

一方、「ベルサイユのばら」（一九六七―一九六八　「週刊マーガレット」連載）の池田理代子や、「ポーの一族」（一九六七―一九七一　「別冊少女コミック」連載）の萩尾望都のような、豊かな構成力と繊細さを持った女流マンガ家たちが華麗にデビューしたのである。一九八〇年頃になると、松本零士の「銀河鉄道９９９」（一九七七―一九八一　「少年キング」連載）のスケールの豊かさ、大友克洋の「ＡＫＩＲＡ」（一九八二　「ヤングマガジン」連載）での超現実の世界、宮崎駿の「風の谷のナウシカ」（一九八二―一九九四　「アニメージュ」）の美的ファンタジー。これらが、ＳＦ（Science Fiction）の世界に匹敵する迫力を持って登場してくるのである。

そして、「じゃりん子チエ」（はるき悦巳　「週刊漫画アクション」連載）・「キン肉マン」

（ゆでたまご　「週刊少年ジャンプ」連載）・「Dr.スランプ」（鳥山明　「週刊少年ジャンプ」連載）・「美味しんぼ」（雁屋哲　「ビックコミック」連載）・「ちびまる子ちゃん」（さくらももこ　「りぼん」連載）と、それぞれ個性的な画風ではあるが、小学生世代から二〇代の若者にまで支持される作品が、毎年のように出現している。

　マンガの時代は終ったという批評も一面にはあるが、現実的には、マンガを愛好し、そのキャラクターをヒーロー・ヒロインとして大切にする雰囲気は、現在では逆に盛んであると言えるようである。

小学生・中学生の1日のマンガ読書量（平成10年）

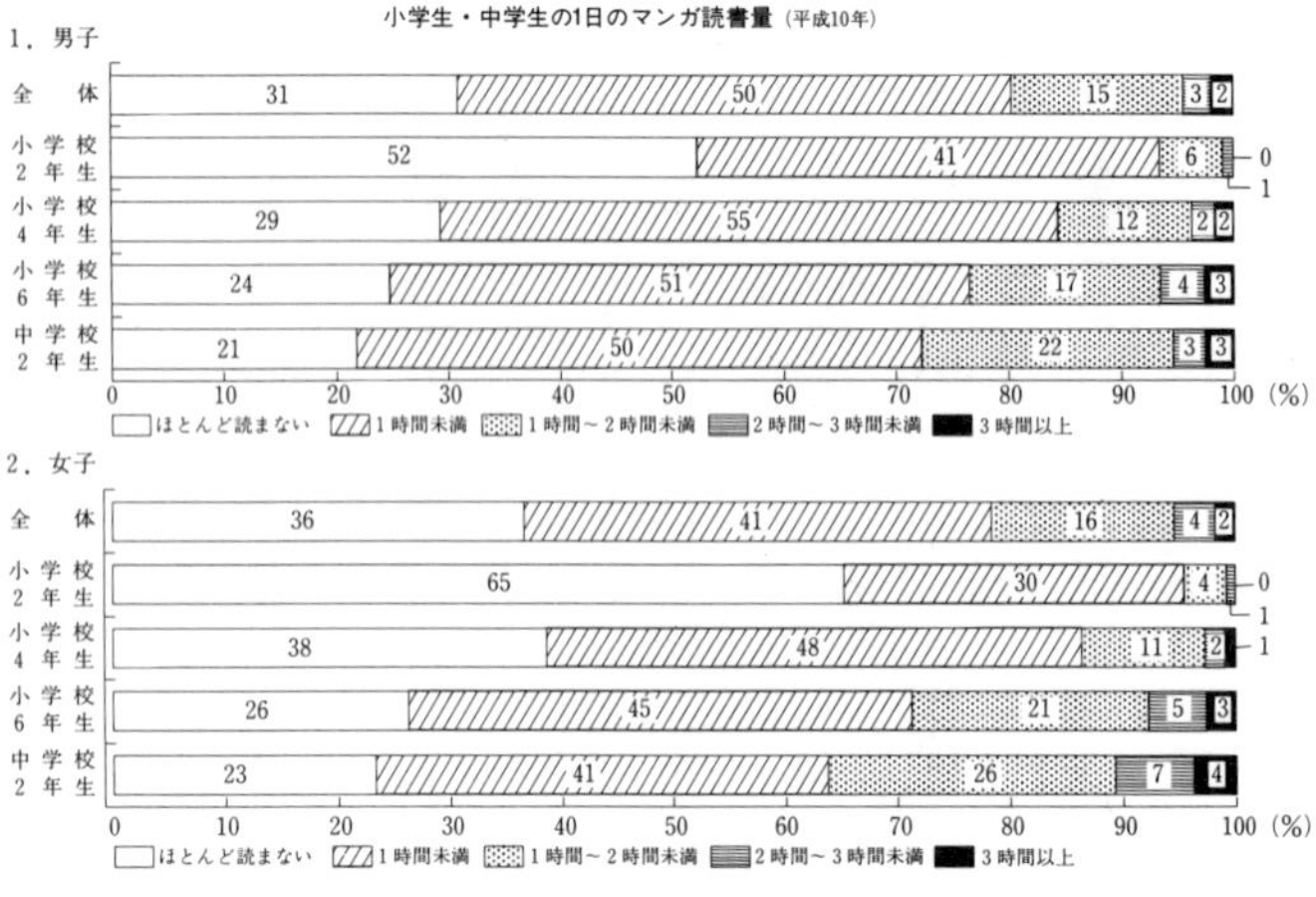

（注）調査対象は，全国の公立小学校2・4・6年生，中学校2年生。有効解答数11,123人（小学校2年生2,577人，小学校4年生2,526人，小学校6年生2,936人，中学校2年生3,084人）。平成10年7月6日～7月10日調査。

資料：文部省生涯学習局「子どもの体験活動に関するアンケート調査の実施結果について」1998

「日本子ども資料年鑑 2001」より

小学生・中学生・高校生の読んでいる雑誌上位10の推移

1．小学6年生　〈男・子〉

雑誌名	平成7年 '95	平成8年 '96	平成9年 '97	平成10年 '98	平成11年 '99
月刊コロコロコミック	2	2	1	1	1
週刊少年ジャンプ	1	1	2	2	2
週刊少年マガジン	4	4	5	6	3
週刊少年サンデー	7	6	4	3	4
Vジャンプ	5	5	6	5	5
コミックボンボン	3	3	3	4	6
WEEKLYファミ通	−	−	8	9	7
小学六年生	−	−	9	8	8
別冊コロコロコミックスSpecial	−	−	7	7	9
週刊少年チャンピオン	−	−	−	13	10

〈女　子〉

雑誌名	平成7年 '95	平成8年 '96	平成9年 '97	平成10年 '98	平成11年 '99
りぼん	1	1	1	1	1
ちゃお	5	5	5	5	2
なかよし	2	3	3	2	3
週刊少年ジャンプ	3	4	4	6	4
Myojo	4	2	2	3	5
ピチレモン	−	−	8	9	6
月刊コロコロコミック	−	−	8	7	7
小学六年生	−	−	7	4	8
週刊少年サンデー	−	−	19	10	9
POTATO	−	−	−	12	9

2．中学3年生　〈男　子〉

雑誌名	平成7年 '95	平成8年 '96	平成9年 '97	平成10年 '98	平成11年 '99
週刊少年ジャンプ	1	1	1	1	1
週刊少年マガジン	2	2	2	2	2
週刊少年サンデー	3	3	6	3	3
WEEKLYファミ通	5	5	7	6	4
smart	−	−	−	8	5
週刊少年チャンピオン	14	9	9	8	6
GET ON	−	−	5	4	7
BANDやろうぜ	−	−	−	12	7
CDでーた	−	−	−	11	9
BOON	4	4	3	5	10

〈女　子〉

雑誌名	平成7年 '95	平成8年 '96	平成9年 '97	平成10年 '98	平成11年 '99
Petit seven	2	2	1	2	1
CUTiE	−	−	9	3	2
non・no	6	4	5	5	3
Myojo	1	1	2	1	4
SEVENTEEN	4	3	3	6	5
りぼん	5	7	4	4	6
週刊少年ジャンプ	3	6	7	7	7
JUNIE	−	−	12	8	8
ピチレモン	−	−	−	16	9
少女コミック	−	−	−	−	10

2．高校3年生　〈男　子〉

雑誌名	平成7年 '95	平成8年 '96	平成9年 '97	平成10年 '98	平成11年 '99
週刊少年ジャンプ	1	1	1	2	1
週刊少年マガジン	2	2	2	1	2
週刊少年サンデー	3	3	4	4	3
smart	−	−	−	3	4
Hot-Dog PRESS	−	−	−	11	5
BOON	5	4	3	5	6
MEN'S NON-NO	10	6	7	6	7
FINEBOYS	−	10	10	9	8
WEEKLYファミ通	−	−	−	11	9
Ollie	−	−	−	−	10

〈女　子〉

雑誌名	平成7年 '95	平成8年 '96	平成9年 '97	平成10年 '98	平成11年 '99
non・no	1	1	1	1	1
CUTiE	10	8	4	2	2
Zipper	13	7	5	4	3
JUNIE	11	10	6	6	4
Petit seven	3	3	3	5	5
SEVENTEEN	2	2	2	3	6
egg	−	−	−	7	7
週刊少年ジャンプ	4	6	−	8	8
spring	−	−	−	9	9
Pop Teen	−	−	−	−	10

資料：毎日新聞東京本社広告局「読書世論調査」

『日本子ども資料年鑑2001』より

V　紙芝居・人形劇・演劇

(1)　紙芝居

現在の紙芝居は「平絵」と言われるものである。江戸時代末に「写し絵」という幻燈があったが、明治期にそれを改良して「立絵」が考案された。それが紙芝居の前身である。立絵は、紙で作った人形を表裏貼り合わせて棒をつけたものである。現在の「ペープサート（paper puppet theaterの略）」がそれによく似ており、幼稚園や保育所で素朴に演じられている。

紙芝居は、大衆性・興味性・教化性を持った文化財であるとされている。多少離れていても、画面の大きさ、構図や色づかい、そして骨太で行動的なストーリーは、実に興味深く理解しやすいものである。児童文学や絵本に通じるものを持ちながら、はるかに素朴に大胆に製作されている。

大正一二年の関東大震災後、自転車の普及もあって、街頭での大衆芸能として人気を博した。当初はその通俗性が批判の的となったが、紙芝居世界の内部から質を高めようとする動きも出てくる。

高橋五山は、紙芝居を保育に活かそうと、紙芝居の教育性を引き出すことに力を尽くし、

紙　芝　居

教育紙芝居の世界に先鞭をつけた。

　街頭紙芝居は、戦前の隆盛期に等しく児童の人気をさらったものであるが、大戦後の十年間に、テレビやマンガの魅力の前に、ほとんど姿を消すことになる。

　幼児教育・保育の場での利用、図書館での紙芝居会などは、現在も頻繁に行われているが、幼児は絵本にない迫力を紙芝居に感じているようである。

(2)　人形劇

「人形劇」は、英語でpuppet-theater、あるいはpuppet-playと言う。

　人形劇の歴史は古く、ヨーロッパではギリシャ時代、日本では平安時代に、人形による劇的活動が行われていた。

　「傀儡師」と呼ばれる人による遊芸に源流があると言われるが、演劇としての人形浄瑠璃が上演されたのは、十六世紀のことであった。日本での人形劇の歴史は、この人形浄瑠璃の歴史として展開するのである。一六六二年の竹田からくり座の開設、一六八四年の竹本座の創設というふうに、伝統的な芸能としての地歩を築いていくのである。

現在の、ヨーロッパから移植された新しいタイプの人形劇と、この伝統的な人形浄瑠璃が深く結びつくことはなかったようである。

〈人形の種類〉

・マリオネット（marionette　糸操り人形）

南ドイツから起ったと言われ、ミュンヘンにシュミット座等の小劇場が残っている。演劇人千田是也によって伝えられた。

・ギニョール（guignol　指遣い人形）

普通、右手人差指に人形を差し込んで、親指と小指で手を操作する。イギリスのパンチ（punch）、ドイツのカスペル（kasper）が典型。

・ストックプッペ（棒遣い人形）

ドイツ・ソ連で盛んである。ソ連のオブラツォフはその名手。また、バリ島やジャワの影絵劇は棒遣い人形を動かす。

・手遣い人形

日本独自の発展を見せたもので、人形浄瑠璃の三人遣い。人形の胴や手足を直接操るもので、三人を主遣い・左遣い・足遣いと呼ぶ。

坪内逍遥『家庭用児童劇』

(3) 児童劇

明治時代中期に、巌谷小波脚色のスイスの伝説「浮かれ胡弓」等が、川上音二郎によって演じられたのが始まりと言われている。いわゆるお伽芝居である。

その後、新劇運動に情熱を燃やす坪内逍遥（一八五九—一九三五）、「赤い鳥」に童話劇を発表していた小山内薫（一八八一—一九二八）や久保田万太郎（一八八九—一九六三）等によって、芸術性を持った児童劇が演じられるようになる。

逍遥は、子ども自身が演じる劇をも児童劇と称して奨励していたが、それを学校劇として教育の場に反映させたのは、小原国芳（一八八七―一九七七）であった。学校劇は、大正一三年の岡田良平文部大臣による、質実剛健の民風を汚すという論旨の「学校劇禁止令」によって、しばらく冷却期間を持ったが、再び斎田喬（一八九五―一九七六）等によって復興を見るのである。

現在、劇団プーク・劇団風の子・劇団うりんこ・劇団角笛等が、児童を対象とする演劇活動に取り組んでいる。

表は、昭和六十三年度の演劇公演活動の一覧である。

この資料から推察すると、児童の演劇鑑賞の機会は、相当量あると言えるのではなかろうか。これは、全国に展開する親子劇場などの運動の成果でもあろう。

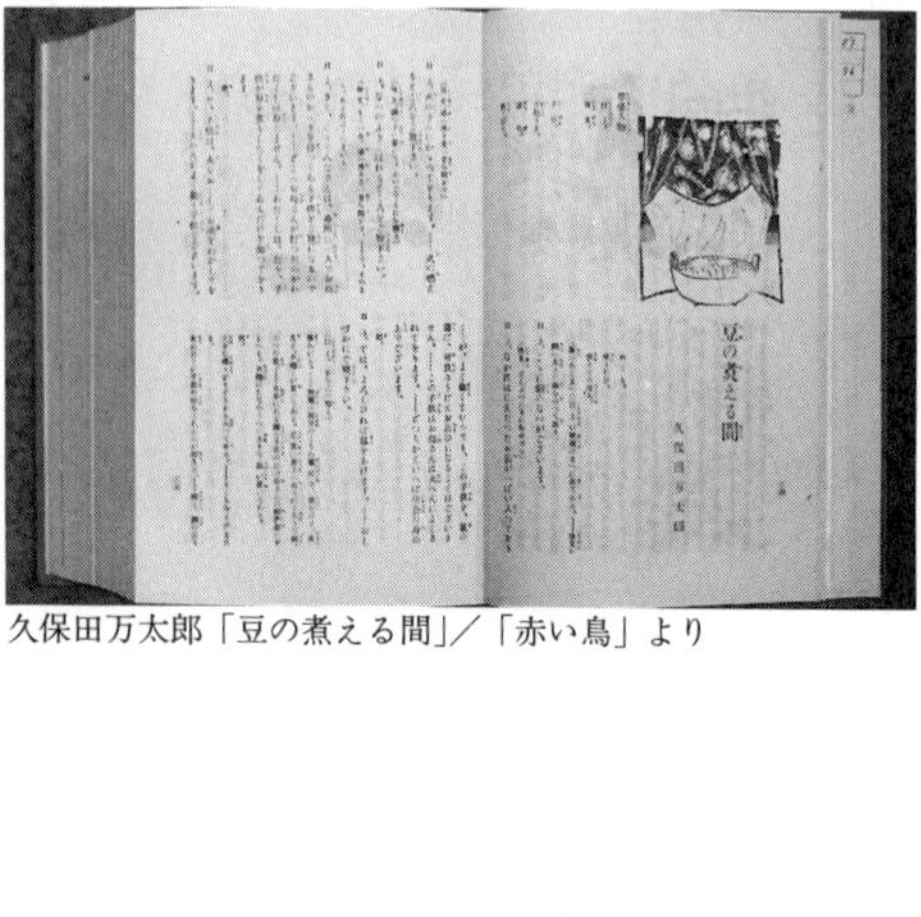

久保田万太郎「豆の煮える間」／「赤い鳥」より

項目 / 都道府県名	演劇教室(学校巡回)			子ども(親子)劇場			劇団自主公演			その他			合計		
	園・校数	回数	観客数	劇場数	回数	観客数	会場数	回数	観客数	会場数	回数	観客数	会場数	回数	観客数
北海道	943	988	258,294	135	221	63,828	17	25	18,751	283	337	116,720	1,378	1,571	457,593
青森	123	139	35,508	12	16	5,535	4	6	3,252	32	53	32,240	171	214	76,535
岩手	196	209	41,825	11	19	6,912	1	2	1,579	42	52	29,506	250	282	79,822
宮城	201	237	64,763	24	40	12,067	8	18	10,279	46	68	37,947	279	363	125,056
秋田	97	108	35,321	17	22	7,150	2	2	1,239	31	40	22,394	147	172	66,104
山形	110	115	37,221	45	54	20,147	1	1	1,139	41	57	38,287	197	227	96,794
福島	238	283	77,404	37	55	17,174	5	11	7,383	64	83	45,231	344	432	144,192
茨城	142	160	49,886	29	37	12,429	11	24	18,801	75	139	88,877	257	360	169,993
栃木	226	261	76,943	14	25	8,257	4	11	6,343	92	145	87,599	336	442	179,142
群馬	149	170	47,145	32	53	16,260	10	50	18,039	53	96	68,624	244	369	150,068
埼玉	378	486	178,222	63	79	30,220	14	37	27,439	153	291	190,029	608	893	425,910
千葉	355	453	154,676	139	197	75,670	18	47	35,311	73	146	97,524	585	843	363,181
東京	1,278	1,573	529,921	172	266	95,339	122	675	242,204	484	826	344,826	2,056	3,340	1,212,290
神奈川	821	1,046	307,259	127	170	96,451	19	54	47,295	267	244	139,293	1,124	1,514	590,298
新潟	364	447	84,131	76	133	38,860	3	4	2,449	39	61	40,879	482	645	166,319
富山	68	87	21,695	14	31	10,631	6	11	10,545	21	33	20,300	109	162	63,171
石川	18	28	7,324	34	46	16,246	9	20	18,953	52	48	22,258	113	142	64,781
福井	67	79	24,300	47	82	22,920	6	12	9,970	29	45	27,891	149	218	85,081
山梨	67	78	27,268	10	28	6,898	1	3	1,437	28	38	20,810	106	147	56,413
長野	378	452	117,084	78	170	44,800	5	13	7,304	75	86	36,472	536	721	205,660
岐阜	256	306	94,740	95	132	43,551	11	27	25,878	44	58	32,078	406	523	196,247
静岡	458	551	184,377	64	111	50,182	16	29	25,373	79	117	86,003	617	808	345,935
愛知	1,131	1,230	348,529	100	164	60,611	53	135	81,044	151	224	113,514	1,435	1,753	603,698
三重	242	260	65,613	64	118	37,143	14	29	25,917	35	54	31,836	355	461	160,509
滋賀	109	132	53,415	28	38	14,239	7	11	8,502	43	63	27,792	187	244	103,948
京都	231	309	116,118	60	101	36,890	10	61	42,589	56	75	21,888	357	546	217,485
大阪	1064	1,427	512,633	143	245	84,976	38	188	82,870	147	211	59,946	1,392	2,071	740,425
兵庫	305	434	167,014	95	170	52,030	17	45	31,014	104	128	42,538	521	777	292,596
奈良	95	117	43,486	2	4	2,550	6	20	17,432	21	29	9,178	124	170	72,646
和歌山	91	112	38,674	24	38	15,229	2	13	9,100	14	24	12,072	131	187	75,075
鳥取	58	72	16,551	14	50	10,130	3	6	11,078	38	43	19,535	113	171	57,294
島根	65	75	14,777	20	41	12,030	0	0	0	29	29	9,896	114	145	36,703
岡山	138	169	63,619	102	169	50,447	4	16	17,634	23	35	19,502	267	389	151,202
広島	260	341	103,478	101	175	44,848	11	31	26,256	62	77	28,211	434	624	202,793
山口	106	111	27,943	53	100	26,789	3	6	3,261	51	57	21,819	213	274	79,812
徳島	57	73	24,307	19	28	8,550	1	3	3,000	12	16	7,231	89	120	43,088
香川	64	91	31,603	5	13	2,680	4	14	6,988	23	33	18,739	96	161	60,010
愛媛	111	128	37,378	23	39	11,380	7	12	11,289	18	32	18,650	159	211	78,697
高知	98	120	15,151	47	67	24,510	1	2	2,000	23	36	21,452	169	225	63,113
福岡	537	699	220,649	156	290	82,375	18	50	32,614	71	105	43,323	782	1,144	378,961
佐賀	108	112	36,971	42	64	23,876	6	13	11,072	11	16	6,724	159	205	78,643
長崎	92	103	22,368	46	94	31,476	1	3	3,517	38	54	32,719	177	254	90,080
熊本	111	134	41,082	62	90	29,439	6	15	9,174	17	22	13,704	196	261	93,399
大分	81	102	31,529	31	47	14,729	7	13	11,821	10	16	6,686	129	178	64,765
宮崎	129	165	47,889	32	62	16,177	3	8	7,213	27	31	10,180	191	266	81,459
鹿児島	154	190	52,627	53	141	31,478	3	10	9,328	54	69	33,548	264	410	126,981
沖縄	145	185	70,975	4	4	900	19	48	30,629	20	37	38,935	188	274	141,439
全国計	12,507	15,147	4,656,686	2,601	4,339	1,427,009	537	1,834	1,036,305	3,091	4,589	2,295,406	18,736	25,909	9,415,406

(注) 演劇教室は、幼稚園・保育園、小学校、中学校、高等学校の合計

資料：日本児童青少年演劇劇団協議会「児演協No,47」1996

日本児童・青少年演劇劇団加盟団講演活動実態（1994）　　「日本子ども資料年鑑第五巻」

しながわ水族館

若宮大通公園（名古屋市中区）

Ⅳ　児童文化関係施設と児童文化活動

子どもの城（東京・渋谷）

児童施設は、大まかに三つに整理することができる。

一つは、幼稚園・小学校・中学校・高等学校・盲学校・ろう学校・養護学校・学校教育法（一九四七・三　公布）で定義されている、教育の場としての学校である。

二つ目は、保育所・助産施設・乳児院・母子寮・児童厚生施設・養護施設・精神薄弱児施設・精神薄弱児通園施設・盲ろうあ児施設・虚弱児施設・肢体不自由児施設・重症心身障害児施設・情緒障害児短期治療施設・救護院等、児童福祉法（一九四七・十二　公布）で定められている施設である。

そして、三つ目は、図書館・博物館・公民館等で、社会教育法（一九四九・六　公布）によって、学校教育以外の領域での教育文化活動の振興を図る場である。

社会教育法では、「社会教育とは学校教育法に基づき、学校の教育課程として行われる教育活動を除き、主として青少年及び成人に対して行われる組織的な教育活動（体育及びレクリエーションの活動を含む）をいう」と定義づけられている。したがって、児童文化センター・自然の家・体育施設等もこのカテゴリーに含まれると考えてよいだろう。

それらの施設であそび、利用する児童の立場に立つなら、学校図書館法で定められている学校内にある学校図書館と、図書館法で定められている図書館に、何ら違いはないであろう。また、児童福祉法に記されている児童公園と、都市公園法に明記されている児童公園も、同じことである。ただし、ここでは、社会教育法によって定められている施設を中心に解説する。

i　すべての人のための図書館

公立図書館・私立図書館共に、図書館法（一九五〇・四）に基づいて設置運営されている施設である。児童図書館ないし図書館内の児童図書館も同様である。ただし、学校図書館（学校図書室）は、学校図書館法（一九五三・八）に基づいたもので、学校教育上の欠くことのできない基礎的設備として設ける義務が定められている。

図書館法第三条の「図書館奉仕」には、次のように記されている。

図書館は、図書館奉仕のため、土地の事情及び一般公衆の希望にそい、更に学校教育を援助し得るように留意し、おおむね左の各号に掲げる事項の実施に努めなければならない。

一　郷土資料、地方行政資料、美術品、レコード、フィルムの収集にも十分留意して図書、記録、視聴覚教育の資料、その他必要な資料（以下「図書館資料」という）を収集し、一般公衆の利用に供すること。

五　分館、閲覧所、配本所等を設置し、及び自動車文庫、貸出文庫の巡回を行うこと。

八　学校、博物館、公民館、研究所等と緊密に連絡し、協力すること。

名古屋市立鶴舞中央図書館

図書館法では、このように各種の資料の用意をうたっているが、実際には、書籍・雑誌にほぼ限定した収集を行っている図書館がほとんどである。近年普及し始めたカセットブック等を置いてある館はそれほど多くはない。予算や保管場所の問題もあるのであろう。

そのような中で、一九八六年に開館した神奈川県藤沢市の藤沢市総合市民図書館は、ビデオテープ・CD・レコード・カセットテープ等が豊富にそろっている。今後の図書館の一つの方向を示唆しているように思われる。

また最近は、コンピューターの導入による合理化が目立ってきており、国会図書館や他の

（館）

区　　分	昭和38年 1963	昭和43年 1968	昭和46年 1971	昭和50年 1975	昭和53年 1978	昭和56年 1981	昭和62年 1987	平成8年 1996
都道府県立	(79) 133	(40) 93	(43) 96	(25) 80	(30) 86	(20) 80	(12) 69	(11) 66
市（区）立	(47) 441	(57) 484	(93) 561	(143) 703	(161) 796	(290) 970	(425) 1,201	(574) 1,473
町 村 立	(3) 202	(4) 219	(3) 224	(3) 253	(1) 284	(9) 352	(15) 498	(17) 824
法 人 立	34	29	(1) 36	30	34	35	33	33
合　　計	(129) 810	(101) 825	(140) 917	(171) 1,066	(192) 1,200	(319) 1,437	(452) 1,801	(602) 2,396

（注）1　各年5月1日現在。ただし昭和43年は6月1日現在、62年は10月1日現在。
2　（　）内は、分館数で内数である。
3　組合立は町村立に含む。

資料：文部省大臣官房調査統計企画課「社会教育調査」

設置者別図書館数の推移

図書館と提携して、サービスのネットワーク作りを行っているところも多い。

サービスや合理化は確かに重要であるが、たとえば、図書館内の児童室では、児童と司書とのコミュニケーションの大切さが再認識されているように、人間的な交流を経験できる場であってほしいものである。

児童文学作家の石井桃子が、『子どもの図書館』（一九六五／岩波新書）で、「ポストの数ほど図書館が欲しい」と記していたが、確かに一九七〇年代までは、図書館の数は今ほど多くはなかった。一九六〇年代から七〇年代にかけて、子どもの行動範囲と安全性を考え併せ、本と出会う場を少しでも多く設けるべきだという市民の運動が盛んになったが、一九八〇年頃、全国の図書館数が目立って増加したのは、その成果であると言えようか。

ところで、民間の図書館の中には、ユニークな運営を行っているところがある。財団法人東京子ども図書館（東京・練馬）・私立短大設置のピッコリー図書館（京都・北白川）・現代マンガ図書館（東京・新宿）等がそれである。このほかにも、特定出版物のみを扱っている館や、他の施設と併設してユニークさを出している館もある。

しかし、これらの様々な図書館が現在の市民生活に有効に機能しているのかと言うと、まだまだ十分とは言い得ない面はある。

それはまず、障害を持つ人々への対処の問題である。そしてもう一つ、在日外国人に対しての問題である、外国語で書かれた図書は非常に少ない。

社会福祉・国際化が進む現在、公共図書館にもまだ配慮すべきことは多いと考えられる。様々な意味を持つ図書館への、利用者からの期待は大きいと言える。

児童図書館ピッコリー（京都・北白川）

ii　博物館の魅力

博物館(Museum)と言うと、歴史に関わる施設と思いがちであるが、実際にはかなり多様な領域をもって開かれている施設である。

博物館は、社会教育法の精神のもとに立法されている、博物館法（一九五一・十二　公布）に基づいて設置運営されている。

> この法律において「博物館」とは、歴史、芸術、民俗、産業、自然科学等に関する資料を収集し、保管（育成を含む。以下同じ）、展示して教育的配慮の下に一般公衆の利用に供し、その教養、調査研究、レクリエーション等に資するために必要な事業を行い、あわせてこれらの資料に関する調査研究をすることを目的とする機関……（以下略）
>
> （博物館法　第二条より）

右は博物館の定義を述べた「博物館法　第二条」であるが、これでわかるように、植物園・動物園・水族館・科学館・プラネタリウム・美術館等が、博物館のカテゴリーに含まれる。

そして、これらの博物館には、それぞれ専門の学芸員がいる。

夏休みになると、各地の科学館は、小学生・中学生の種々の質問に応じるために、多忙になる。子どもたちは、自由研究のテーマに対するアドバイスを学芸員や他の専門家に受けようとするのである。科学館では子どもたちに対して、講習会・展示会・映画会等、いろいろなイベントを開いている。もちろん、プラネタリウムや植物園、そして他の博物館でも児童に対する種々のプログラムを作り、運営している。

とりわけ、地域の活性化を図ろうという近年の傾向の中で、郷土の特質を子どもたちに十分に知ってもらい、愛着を深くしてほしいという考えのもとに、日常の運営が行われていると言える。

しかし、博物館に対する不満もあるようだ。博物館は、貴重な資料を見事に工夫して展観に供してはいる。ところがその多くには、「手に触れないでください」というような添え書きがあり、触れることによる実感的理解を拒否している。博物館にとって、今求められるのは、この壁を越えることにあるのではないだろうか。

この点は、しばしばアメリカのミュージアムと比較さ

名古屋市立科学館

れる。実際に手で触れ、操作することのできる体験の場が用意されていることの多い、アメリカのミュージアムの持ち味を、日本でも参考にすべきであろう。様々なあそびや作業の可能なワークショップ等をもっと充実させてほしいものである。

品川水族館（東京・品川）

博物館を利用する人びとの目的は多様だ。博物館は遊びの場（アミューズメント・スペース）であり、興味関心にこたえる場であり、また学習の場でもある。固定されたものではない。しかし、年間三億人が博物館を利用しているという事実は、深くそして重い。

『ひらけ、博物館』（岩波ブックレット　一九九一・三）に、伊藤寿郎はこのように記している。経済的豊かさを背景に、文化的なものへの豊かな興味を具体的な行為で表している事実を指摘しているのである。

　現在、日本には、博物館が約四五〇〇（登録数は七三七）あるとされている。

美術博物館や歴史博物館は、その数が多いだけに、入館者の多さも目立っている。

また、水族館の入館者の増加も顕著である。これは、現在各地で、あるひとつのテーマに沿った、娯楽性豊かな水族館施設が開館していることにもよる。

博物館の数と入館者数

年度	計	総合博物館	科学博物館	歴史博物館	美術博物館	野外博物館	動物園	植物園	動植物園	水族館
	館数									
昭和53年 1978	493	75	59	136	135	5	29	18	9	27
昭和56年 1981	578	80	67	174	160	4	30	23	10	30
昭和59年 1984	676	90	77	211	193	8	34	21	6	36
昭和62年 1987	737	100	83	224	223	8	35	20	8	36
平成2年 1990	799	96	81	258	252	11	35	21	7	38
平成5年 1993	861	109	89	274	281	9	31	22	9	37
平成8年 1996	985	118	100	332	325	11	33	18	9	39
	入館者数（1,000）									
昭和55年度 1980	116,278	4,105	13,769	26,449	16,562	1,174	26,265	5,865	11,798	10,293
昭和58年 1983	109,167	5,826	13,207	18,879	19,473	2,382	26,763	4,293	6,170	12,173
昭和61年 1986	120,191	7,134	12,117	19,246	21,687	1,678	29,410	4,718	10,346	13,855
平成元年度 1989	130,322	6,578	12,563	18,583	32,127	3,575	28,480	4,883	8,653	14,880
平成4年 1992	134,335	12,529	12,906	19,478	28,233	3,579	23,618	5,560	11,364	17,052
平成7年 1995	124,074	10,233	15,116	19,396	25,668	2,961	20,252	2,679	88,898	18,871

資　料　文部省大臣官房調査統計企画課「社会教育調査報告書」

羽根木児童公園（東京・世田谷）

iii　児童公園・児童遊園

(1)　児童公園・児童遊園

空き地が失われ、都市部の児童のあそび空間は、確かに狭くなってきている。雑談や一人あそびの場としては、必ずしも広い空間は必要ではない。しかし、体をのびのび動かし、複数あるいは集団であそぶには、どうしても公園などが身近にあることが要求されてくる。

公園には、一般的に「児童公園」・「児童遊園」という呼称がある。

児童公園は、都市公園法（一九五六・四　公布）に基づいて設置されるものである。この都市公園法の第二条（定義）の、公園施設の規定「ぶらんこ、すべり台、砂場その他の遊戯施設で政令に定める」の部分が児童公園に深く関わる。細部は、施行令により設置基準が明確化されているわけである。

一方、児童遊園は、繁華街・小工場や小住宅の集合地域に重点的に設置することを当面の目的としており、児童の成長発達を保障するねらいを持つ厚生施設である。細部は施設基準に定められている。

> 児童厚生施設は、児童遊園・児童館など児童に健全な遊びを与えて、その健康を増進し、又は情操をゆたかにすることを目的とする施設とする。
>
> （児童福祉法　第四〇条「児童厚生施設」）

この二つの公園施設の現状況と内容は次の通りである。

〈児童公園（建設省）〉　：四三、六三五か所（一九八五年度）

広さ　二、五〇〇平方メートル以上

誘致距離　二五〇メートル

対象児童　主として学童

設備　ぶらんこ・すべり台・砂場・ベンチ・便所・植栽・遊べる空間としての広場

〈児童遊園（厚生省）〉：四、二〇三か所（一九八七年度）

広さ　六六〇平方メートル以上
誘致距離　特に規定はない
対象児童　幼児と小学校一・二年生等
設備　ぶらんこ、便所、広場、（必要に応じて）すべり台や砂場

これらはあくまで基準であり、これに準拠するだけでは魅力ある公園とは言い難い。現在では、種々の工夫がされており、フィールドアスレチック風なもの、雑木そのものを十分に活かしたもの、あそび方が固定しがちな遊具に代る素材が置かれたものといったように、様々である。

次のページの表は、小学生の所有物調査である。この資料によると、持ち物の中に、公園で使う素材は少ない。より広い場所を要するものであるか、自室で孤独に遊ぶニューメディ

ア類がほとんどである。

小学生の所有物（平成11年）

1．男子

(%)

調査対象者＼順位	1	2	3	4	5	6	7	8
1年生	自転車 82.9	学習机 79.9	ゲームソフト 64.2	子供部屋 58.9	サッカーボール 57.5	テレビゲーム 57.2	目覚まし時計 51.8	腕時計 44.5
2年生	自転車 81.8	学習机 76.2	ゲームソフト 72.7	サッカーボール 59.7	テレビゲーム 58.4	子供部屋 54.1	目覚まし時計 48.9	腕時計 47.2
3年生	自転車 87.9	学習机 81.9	ゲームソフト 70.7	子供部屋 67.2	テレビゲーム 62.1	腕時計 61.2	サッカーボール 58.6	目覚まし時計 54.3
4年生	自転車 85.7	学習机 81.4	ゲームソフト 72.9	腕時計 67.1	テレビゲーム 65.7	子供部屋 62.9	目覚まし時計 60.0	サッカーボール 60.0
5年生	ゲームソフト 85.9	自転車 83.5	腕時計 82.4	学習机 78.8	テレビゲーム 68.2	目覚まし時計 63.5	国語辞典 63.5	子供部屋 60.0
6年生	自転車 87.0	学習机 83.7	腕時計 81.5	ゲームソフト 80.4	テレビゲーム 67.4	国語辞典 64.1	サッカーボール 59.8	目覚まし時計 58.7

（注）調査対象は，IX-2-4図（注）に同じ。

2．女子

(%)

調査対象者＼順位	1	2	3	4	5	6	7	8 .
1年生	自転車 81.9	学習机 81.0	目覚まし時計 66.9	子供部屋 59.3	ゲームソフト 39.9	ベッド 29.4	テレビゲーム 27.0	ビデオテープ 25.8
2年生	学習机 83.3	自転車 82.7	子供部屋 64.0	目覚まし時計 61.3	腕時計 55.7	ゲームソフト 47.3	ベッド 39.7	テレビゲーム 35.3
3年生	自転車 83.7	学習机 77.0	腕時計 63.8	子供部屋 60.7	目覚まし時計 53.1	電卓 49.5	ゲームソフト 44.9	国語辞典 40.3
4年生	自転車 93.7	学習机 84.0	腕時計 78.6	電卓 65.5	子供部屋 65.0	目覚まし時計 58.3	ゲームソフト 52.4	ベッド 43.2
5年生	学習机 88.8	自転車 87.9	腕時計 79.9	目覚まし時計 73.8	国語辞典 69.6	電卓 68.2	子供部屋 62.9	ゲームソフト 61.2
6年生	学習机 92.3	自転車 90.1	腕時計 88.0	目覚まし時計 77.7	国語辞典 77.7	電卓 75.1	ベッド 60.1	漢和辞典 56.7

（注）調査対象は，学研発行の学年別学習誌「1～6年の科学」「1～6年の学習」の読者のうち，1～6年から無作為に抽出した3,600人（各学年600人）。

資料：学習研究社「<小学生白書>’99年小学生まるごとデータ」2000
「日本子ども資料年鑑2001」より

IV—iii　児童公園・児童遊園

様々な分野で低年齢化が進んでいる今、これらの所有物調査によっても象徴的に、公園の様態の大きな変化が期待されていると考えたくなるものである。

(2)　テーマパーク（Theme Park）

東京ディズニーランドが開設されて以来、いわゆる遊園地や運動施設が様態を変える動きを見せ始めた。

従来からあった遊園地が新しい遊戯機械を導入して「ライドパーク」となり、スポーツ関係施設を現代化した「スポーツランド」もある。そして、あるひとつのテーマのもとに、あらゆる施設を包含しているのが「テーマパーク」である。

> 「歴史」「外国」といった特定のテーマに統一して質の高いサービスを提供するレジャーランドをテーマパークと称している。
>
> （「imidas 一九九一」集英社）

この概念にもあるように、テーマを持って展開している博物館（水族館・植物園・美術館・歴史博物館等）および公園（文学公園・歴史公園・考古学公園等）もその範疇に入る。

〈テーマパークの例〉

サンリオピューロランド（東京都多摩市）
長崎オランダ村（長崎県・西彼町）
ハーモニーランド（大分県・日出町）
スペースワールド（福岡県北九州市）
マリンパークニクス（北海道登別市）
グリュック王国（北海道帯広市）
東京セサミプレイ（東京都・五日市町）
カナディアンワールド（北海道芦別市）
パラマウントスタジオジャパン（大阪市）

代表的なものを挙げてみたが、それぞれエンターテイナーによるパフォーマンス、児童遊具と英語学習、「赤毛のアン」のストーリー、グリム童話の世界、歴史、宇宙などをテーマに運営されている。

企業による徹底した商業主義的経営だけに、そこを訪れる児童・家族をいかに楽しませるか、工夫がなされるところである。

しかし、いずれにせよ、これまでの博物館や公園等の社会教育、福祉関係の施設も含め、利用する児童とその家族の立場に立った、魅力的なものとなることが強く要請される。

ア　東京ディズニーランド

「東京ディズニーランド」は、一九八三年四月十五日開園した。総面積は、二十五万坪。開園当時、千葉県浦安市の人口は八万三千人であったが、一日に訪れる人数は、この人口を上回るほどであった。

「東京ディズニーランド」は、ウォルト・ディズニーが設置したアメリカ・カリフォルニアの「ディズニーランド」の忠実なコピーであると言われる。

夕方になると、東京ディズニーランド正門前のワールドバザールがいっせいに活気づく。帰り支度を急ぐ客たちがみやげ物を買うために売店に殺到するからだ。ぬいぐるみ、菓子類、バッジなどを争って買っていく。レジの前には長い行列ができる。

（『ディズニーランドの経済学』）

『ディズニーランドの経済学』（栗田房穂・高成田亨　著／朝日新聞　一九八七・二）にある、ディズニーランドの混雑ぶりを記した文章である。

同書によれば、ワールドバザールは、売店数四五、売り場面積八、〇〇〇平方メートル、販売額二五〇億円、取扱い商品数約一二、〇〇〇点、キャラクターグッズ約三、五〇〇点ということである。

東京ディズニーランド

東京ディズニーランドのパーク面積は一四万坪で、本場アメリカのものより広い。ワールドバザールに入場する客の数は、一日一〇万人前後にも上る。人々の好奇心と消費意欲をそそる術を十分に心得ていると言える。日本のテーマパークの第一号である。

iv　お話・口演童話・ストーリーテリング

幼児や小学生等を相手に、お話・絵本・童話を聞かせる場合、素材である本があれば「読み聞かせ」、ないし「リードアラウド」（Read Aloud）と言う。

その語りの中には、やや古典的ニュアンスの強い「口演童話」、素朴で日常的な「お話」、英語圏から学んだ「ストーリーテリング（Story Telling）」がある。

お茶やお菓子もない会話だけを指す「素話」という古典的な言葉があるが、保育室や教室で、本を持たずに素朴に話をすることも「素話」である。

幼い児童を対象としているだけに曖昧な部分はあるが、可愛らしいニュアンスを持つ「お話」が一般化したようである。日常的なお話から物語を材料にしたものまで、その範囲は相当広いものである。

(1)　口演童話

児童を対象とする童話の「語り」は、「お伽口演」に始まったと言われている。これは、お伽話作者である巌谷小波や久留島武彦によって始められた。

明治三九年に、この二人を中心に「お伽倶楽部」が設立され、定期的に「お伽口演」が行われた。そして、お伽口演は、大正期の童話童謡時代に入って、「口演童話」と呼ばれるようになる。その後の岸部福雄等も、語りの名手として子どもたちに親しまれた。お伽口演といい、その後の口演童話といい、一種の技術性を持ち、大げさではないにせよ、身ぶり・手ぶり・話し口調に独得なスタイルを持っていた。それが時として、批判の対象にもなるのである。

現在も、口演童話の流れをくむ語り手はかなりいるが、これまでより一層地味なスタイルで語ろうとする傾向が見られる。

(2) ストーリーテリング

児童図書館員として著名なイギリスのコルウェル（E・H・Colwell）は、著書「子どもと本の世界に生きて」（一九六八・五／福音館書店）の中で、「ストーリーテリング」について、次のように示唆している。

話して失敗する場合の十中八九は、準備の不足が原因です。お話の準備には、四つの段階があります。つまり、話の選択―アダプテーション（長い原作をちぢめたり、いいにくいところを変えたりすること）―おぼえる―語る、の段階です。

いかなる話をするにせよ、思いつきでは十分な効果は上がらないであろう。対象・年齢・ねらい等を考慮しながら題材としての話を選択すべきだろう。

どういう話を選ぶか、ということの第一条件は、すぐ前にも言いましたように、その話が、私たちの心を打つということです。…………すじは統一があり、お話は、事件をつみ重ねながら、クライマックスまではっきりと動いてゆき、なっとくのゆく結末にいたるものなのです。

いわゆる、時、場所、機会というＴＰＯを配慮しての選択の重要性である。そしてやはり、興味を持ってもらえるかどうかを丁寧に検討しなければならない。

たいていの話は、語るためには、多少変更をしないとまずいところがあります。………多くの場合、あちこちカットするだけで、ちゃんと話しよくなるものです。あまり描写のこまかいところ、本すじに関係のない寄り道、こうした個所を省きます。

作者にすれば、自らの話を変えられるなどは許せることではないが、伝達する立場、聞く立場となると、耳で聞きつつ最も理解しやすく楽しみやすい話を期待するものである。コルウェルの言うように、アダプテーション（Adaptation・改変）には、アディション（Addition・付加）、イリミネーション（Elimination・削除）が必要となることもある。

固くなって、丸暗記したお話には、生気がありません。そして、話をあなた自身のものにしてしまうことです。さもないと、話は自由に流れ出てきません。いちばんいいおぼえ方は、そのお話を何度も読んでから、あなたのことばで、声に出して話してみます。

専門のアナウンサーや役者などは、「音声表現技術（Elocution）」というハードなトレーニングをする。「朗読（Reading）」・「暗誦（Recitation）」・「演述（Oratory）」などがそれである。

しかし、覚えた話を語ることは、まさに知人に手紙を書くようなものである。目の前にいる子どもたち、受け手に向かい、自らの自然な声で語り出すことが何よりも肝要であろう。

お話をするときの状況ですが………身ぶりは、ごくわずか、自然に出てくるようにします。大げさにからだを動かすと、子どもはおもしろがるかもしれませんが、お話そのものよりも、部分的なおかしさに気をとられてしまいます。……はっきり、ゆっくり話します。そして、だれでもその持ちまえの、自然の声を、できるだけ美しく……。

話の持っている味わいを伝えようとする努力が、抑揚（Intonation）・律動（Rhythm）・調子（Accent）を伴って表れる程度でよいのである。ストーリーテリングと言うと、何かしら「型」をイメージしがちであるが、コルウェルが述べるように、ナチュラルな語りこそが大切なのである。

V　家庭文庫・地域文庫と読書運動

石井桃子は「かつら文庫」を自ら開き、その経験を『子どもの図書館』（岩波書店　一九六五）としてまとめたが、このことは、多くの読書好きの人々や公共図書館の少なさに疑問を抱いている人々に刺激を与えたものである。

児童の読書環境をより充実したものにしていくには、当然、公共図書館の設置や学校図書室の整備が期待されるのだが、現実には、地方自治体の図書館の新設は思うにまかせなかった。しかし、読書環境づくりの運動は全国に広がっていった。
また、児童の読書を豊かにしていこうとする読書運動は、作家、椋鳩十が一九六〇年に提唱した「母と子の二十分間読書運動」や日本親子読書センター（一九六七　発足）、日本子どもの本研究会等の組織的な運動によって、急激な広がりを持ったのである。

図書館作りの運動と読書運動とが相互に刺激し合いながら、一九六〇年代半ばから一九七〇年代半ばにかけて、児童の読書への強い関心が具体的な力を持ったのである。それが「家庭文庫」であり、「地域文庫」であった。

本好きな人が、自らの本と自らの家の一室を開放して、隣近所の児童に読書の楽しさを知らせようとしたのが家庭文庫である。文庫に来る児童はすべて知った顔であるために、人と人との交流や会話が重要な意味を持った。

みどり子ども図書館（名古屋・富田）

それに対して、地域文庫は、町内の児童図書室という意味合いを持ち、町内の集会所等が本の置き場所となり、運営に関わる人たちも町内会全体で選任するという組織的なものであった。

これらが、図書館不足の実情の中で起こった、市民レベルの活動である。一九八〇年代になると、次第に公共図書館が充実し始め、家庭文庫や地域文庫の勢いも治まってくる。

しかし、近所に公共図書館があっても、それぞれの独自な性格を大切にして、地道な活動を続ける文庫もある。これらはあくまでも、身近な世話役が近くに住んでいる児童に対して読書環境を提供するという、公共の図書館には求めることのできない温かさを追求するわけである。その結果、読書の充実ということもさることながら、ハイキングやケーキ作りといった、児童文化的広がりを持つ活動を展開しているのである。

これらの文庫は、現在転機にあると言えるであろう。多忙で、ほかにたくさんの現代的楽しみを持つ児童たちに、読書の本当の楽しみ、人間や社会や自然の真実へ分け入るすばらしさを伝達するにはどうすればよいかという本質的な命題に立ち、その運営の難しさに直面している。

vi　児童の表現活動

種々の児童文化財に関わる児童のあり方は、受動的遊び（passive play）であると見られがちだが、実際には、その刺激によって起こる、能動的な心や体の働きがあるものだ。つまり、主体的遊び（active play）へ展開し得るわけである。それは、絵本や童話を見聞きしている時にも生じる。

子どもはひたすら、書かれた、あるいは描かれた通りに受け止め、理解しているわけではない。時として誤解することもあるが、第一次的に創作された作品を、読者である子どもが二次的に作り変えていくことも認識すべきである。

ともあれ、具体的な児童の表現活動と言えば、文学的活動として、作文・詩・演劇、芸術的活動として、絵画・彫刻・書道・歌唱演奏、これ以外の種々な社会的活動としては、子ども会・ボーイスカウト（Boy Scouts）・ガールスカウト（Girl Scouts）・青少年赤十字（Red

理科

生活

社会

第18回小・中学生作品コンクール
入賞作

Cross）・郵便友の会・ユニセフ（UNICEF）等での活動がある。さらに、日々の継続的なボランティア活動、そして新教育課程での総合的学習の中で、新鮮で力強い子どもたちの表現活動が期待される。

　このような諸活動を通して、自らの才能や趣味を発揮し、あるいは奉仕に心身を尽くしながら、より豊かに個性的に人間形成をしていくのである。

　表現活動の例として、「第一八回　全国小・中学生作品コンクール」（二〇〇〇　子どもの文化・教育研究所主宰）においての入賞作品の一部を紹介する。

おわりに

児童の権利に関する条約が国連で採択（一九八九年）されて十余年が経ち、日本が批准（一九九四年）してからすでに相当年数が経過している。

しかし、条約文に誓われたどれほどのことが現実に解決したであろうか。

一九九〇年代から今日まで、子どもにとって、子どもの環境にとっての厳しい問題が次々と提出された時であった。国際的には地球のいずれかの地で戦火は起こり、子どもたちは多くの犠牲を強いられたものである。国内では、行政サイドから中央教育審議会、教育改革国民会議での議論も真剣味を増し、子どもの問題の専門家や民間の諸団体での提案、そしてマスメディアの問題提起をも加えて、子どもの幸と二十一世紀の人間の生き方を求めて議論が深められたものである。それだけに、国民全体の関心が「子ども」に注がれていると言ってよい状況を作り出している。

人間だけではなく、すべての生命に共感しつつ、生命にとってより良き地球環境とはの問いを自分の問題として考え、行動する子どもたち。

正しくより良いものを普段に求め続けることのできる子どもたち。

品位を持ち、力強い勇気をそなえた子どもたち。

私たちが期待する、理想を追求しようとする子ども像の一端であるが、児童文化のとらえる最も基本的な思想と言えるであろう。

本書のタイトルは、「子どものあそびと絵本」としたが、子どもの主体性を第一義に考えつつ、「あそび」と児童文化財のひとつである「絵本」のふたつを中心に整理してみた。この絵本も、受け手である子どもたちによって、二次的に創り直されていく性質を持つ。抽象的ではあるが、子どもたちのそういった「想像」や「創造」に着目したいものである。

また、本書は過去に書いた文章をもとに、テキストとしての意味合いを持たせつつ、児童文化としてひとつのまとまりを作ろうと試みたが、やはり舌足らずが目につくものである。種々ご意見を賜りたいと考えている。

最後に編集、出版に際しご尽力いただいた、中央出版の編集部長と担当の編集部員に、感謝の気持ちを捧げたい。

岡田　純也

〈著者紹介〉

岡田純也　1939年12月12日生まれ。
埼玉県立浦和高等学校卒業、立教大学・同大学院を経て、現在、京都女子大学児童学科教授、学術博士（文学）、日本児童文芸家協会評議員、日本児童文学者協会会員、日本児童文学学会会員、日本国際児童図書評議会会員、日本子どもの本学会副会長。

編著書
『児童文学と読者』（大阪教育図書）
『児童文学への誘い』（創世紀）
『子どもの文学の流れ』（いずみ書房）
『日本児童文学大系』（ほるぷ出版）
絵本「こどものひろば」（全20冊　中央出版）
『宮沢賢治人と作品』（清水書院）
『佐藤春夫人と作品』（清水書院）
『子どもの本の歴史』（KTC中央出版）
他多数

子どものあそびと絵本 改訂

発行　一九九二年六月初版、二〇〇一年四月改訂一刷
著者　岡田純也
発行人　前田哲次
発行所　KTC中央出版
〒四六〇—〇〇〇八　名古屋市中区栄一—二二—一六
TEL　〇五二—二〇三—〇五五五
FAX　〇五二—二〇三—一四七四
振替　〇〇八五〇—六—三三三一八
印刷・製本　竹田印刷株式会社
ISBN4-87758-207-X C1095

資料

児　童　憲　章

1951年5月5日制定

われらは、日本国憲法の精神にしたがい、児童に対する正しい観念を確立し、すべての児童の幸福をはかるために、この憲章を定める。

児童は、人として尊ばれる。
児童は、社会の一員として重んぜられる。
児童は、よい環境のなかで育てられる。

1　すべての児童は、心身ともに健やかにうまれ、育てられ、その生活を保証される。

2　すべての児童は、家庭で、正しい愛情と知識と技術をもって育てられ、家庭に恵まれない児童には、これにかかわる環境が与えられる。

3　すべての児童は、適当な栄養と住居と被服が与えられ、また、疾病と災害からまもられる。

4　すべての児童は、個性と能力に応じて教育され、社会の一員としての責任を自主的に果すように、みちびかれる。

5　すべての児童は、自然を愛し、科学を尊ぶように、みちびかれ、また、道徳的心情がつちかわれる。

6　すべての児童は、就学のみちを確保され、また、十分に整った教育の施設を用意される。

7　すべての児童は、職業指導を受ける機会を与えられる。

8　すべての児童は、その労働において、心身の発育が阻害されず、教育を受ける機会が失われず、また、児童としての生活がさまたげられないように、十分に保護される。

9　すべての児童は、よい遊び場と文化財を用意され、わるい環境からまもられる。

10　すべての児童は、虐待・酷使・放任その他不当な取扱からまもられる。あやまちをおかした児童は、適切に保護される。

11　すべての児童は、身体が不自由な場合または、精神の機能が不十分な場合に、適切な治療と教育と保護が与えられる。

12　すべての児童は、愛とまことによって結ばれ、よい国民として人類の平和と文化に貢献するように、みちびかれる。

Declaratin of the Rights of the Child
(児童の権利に関する宣言)

(1959年11月20日　国連採択)

PREAMBLE

Whereas the peoples of the United Nations have,in the Charter, reaffirmed their faith in fundamental human rights, and in the dignity and worth of the human person,and have determined to promote social progress and better standards of life in larger freedom,

Whereas the United Nations has, in the Universal Declaration of Human Rights, proclaimed that everyone is entitled to all the rights and freedoms set forth therein, without distinction of any kind, such as race, color, sex, language, religion, political or other opinion, national or social origin, property, birth or other status,

Whereas the child, by reason of his physical and mental immaturity,needs special safeguards and care, including appropriate legal protection, before as well as after birth,

Whereas the need for such special safeguards has been stated in the Geneva Declaration of the Rights of the Child of 1924, and recognized in the Universal Declaration of Human Rights and in the statutes of specialized agencies and international organizations concerned with the welfare of children,

Whereas mankind owes to the child the best it has to give,

Now therefore,

The General Assembly

Proclaims this Declaration of the Rights of the Child to the end that he may have a happy childhood and enjoy for his own good and for the good of society the rights and freedoms herein set forth, and calls upon parents, upon men and women as individuals and upon voluntary organizations, local authorities and national governments to recognize these rights and strive for their observance bylegislative and other measures progressively taken in accordance with the following principles:

PRINCIPLE 1

The child shall enjoy all the rights set forth in this Declaration. All children, without any exception whatsoever, shall be entitled to these rights, without distinction or discrimination on account of race, colour, sex, language, religion, political or other opinion, national or social origin, property, birth or other status, whether of himself or of his family.

PRINCIPLE 2

The child shall enjoy special protection, and shall be given opportunities and facilities, by law and by other means, to enable himto develop physically, mentally, morally, spiritually and socially in a healthy and normal manner and in conditions of freedom and dignity. In the enactment of laws for this purpose the best interests of the child shall be the paramount consideration.

PRINCIPLE 3

The child shall be entitled from his birth to a name and a nationality.

PRINCIPLE 4

The child shall enjoy the benefits of social security. He shall be entitled to grow and develop in health; to this end special careand protection shall be provided both to him and to his mother, including adequate prenatal and postnatal care.The child shall have the right to adequate nutrition, housing, recreation and medical services.

PRINCIPLE 5

The child who is physically, mentally or socially handicapped shall be given the special treatment, education and care required by his particular condition.

PRINCIPLE 6

The child, for the full and harmonious development of his personality, needs love and understanding. He shall, wherever possible, grow up in the care and under the responsibility of his parents, and in any case in an atmosphere of affection and of moral and material security;a child of tender years shall not, save in exceptional circumstances, be separated from his mother, Society and the public authorties shall have the duty to extend particular care to children
without a family and those without adequate means of support. Payment of state and other assistance towards the maintenance of children of large families is desirable.

PRINCIPLE 7

The child is entitled to receive education, which shall be free and compulsory, at least in the elementary stages. He shall be givenan education which will promote his general culture,and enable himon a basis of equal opportunity to develop his abilities, his individual judgement, and his sense of

moral and social responsibility, and to became a useful member of society.

The best interests of the child shall be the guiding principle of those responsible for his education and guidance; that responsibility lies in the first place with his parents.

The child shall have full opportunity for play and recreation, which should be directed to the same purposes as education; societyand the public authorities shall endeavour to promote the enjoyment of this right.

PRINCIPLE 8

The child shall in all circumstances be among the first to receive protection and relief.

PRINCIPLE 9

The child shall be protected against all forms of neglect,cruelty and exploitation. He shall not be the subject of traffic, in any form.

The child shall not be admitted to employment before an appropriate minimum age; he shall in no case be caused or permitted to engage in any occupation or employment which would prejudice hishealth or education, or interfere with his physical, mental or moral development.

PRINCIPLE 10

The child shall be protected from practices which may foster racial, religious and any other form of discrimination. He shall be brought up in a spirit of understanding, tolerance, friendship among peoples, peace and universal brotherhood and in full consciousness that his energy and talents should be devoted to the service of his fellow men.

(邦訳)

前　文

われら国際連合の諸国民は、国際連合憲章において、基本的人権と人間の尊厳及び価値とに関する信念をあらためて確認し、かつ、一層大きな自由の中で社会的進歩と生活水準の向上とを促進することを決定したので、

国際連合は、世界人権宣言において、すべて人は、人種、皮膚の色、性、言語、宗教、政治上その他の意見、国民的もしくは社会的出身、財産、門地、その他の地位又はこれに類するいかなる自由による差別をも受けることなく、この宣言に掲げるすべての権利と自由とを享有する権利を有すると宣言したので、

児童は、身体的及び精神的に成熟していないものであるため、その出生の前後において法律上の適当な保護を含む特別の保護及び援助を必要とするので、

その特別保護の必要性については1924年のジュネーヴ児童権利宣言にも述べられており、また、世界人権宣言により並びに児童の福祉に関する専門機関及び国際機関の規約により認められているので、

人類は、児童に対し、最善のものを与える義務を負うものであるので、

よって、ここに、

総会は、児童が、幸福な幼児を送りかつ自己及び社会の福利のためこの宣言に揚げる権利及び自由を享有することができるようにするために、この児童権利宣言を布告し、また、両親、個人としての男女、自主的機関及び政府に対し、これらの権利を認識し、かつ、次の原則に従って漸進的に執られる立法その他の措置によってその遵守に努力するように要請する。

第1条

児童は、この宣言に掲げるすべての権利を享有する。すべての児童は、いかなる例外もなく、自己又はその家族について、人種、皮膚の色、性、言語、宗教、政治上その他の意見、国民的もしくは社会的出身、財産、門地もしくは他の地位のため差別を受けることなく、平等に前記の権利を享有することができる。

第2条

児童は、特別の保護を受けるものとし、また、児童は、健康なかつ正常な方法で及び自由なかつ尊厳のある条件で身体的、精神的、道徳的及び社会的に発展することができるための機会及び便益を、法律その他の手段によって与えられなければならない。この目的のために法律を制定するに当っては、児童の最大の幸福について、最高の考慮が払われなければならない。

第3条

児童は、その出生の時から姓名及び国籍を有する権利を有する。

第4条

児童は、社会保障の給付を受けるものとする。児童は、健康に成長しかつ、発展する権利を有する。この目的のため、児童及びその母には、産前産後の適当な養護を含む特別の養護及び保護を与えなければならない、児童は、適当な栄養、住家、レクリ

エーション及び医療給付を受ける権利を有する。

第5条

身体的、精神的又は社会的に障害のある児童には、その特殊な事情により必要とされる特別の療養、教育及び保護を与えなければならない。

第6条

児童は、その人格の完全なかつ調和した発展のため、愛情と理解とを必要とする。児童は、可能なときはいつでも、その両親の保護及び責任の下に成長し、また、いかなる場合においても、愛情と道徳的及び物質的保障とのある環境の下に成長しなければならない。幼児は、例外的な事情の場合を除き、その母から引離してはならない。社会及び公共機関は、家族のない児童及び適当な扶養手段の受けられない児童に対しては特別の保護を与える義務を有するものとする。大家族に属する児童の扶養については、国による負担その他の援助が望ましい。

第7条

児童は、少なくとも基礎的段階においては無償でかつ義務的な教育を受ける権利を有する。児童には、その一般的教養を向上させ、機会均等の原則に基づいてその能力、個人的判断、道徳感及び社会的責任感を発達させ並びに社会の有用な一員となりうるような教育を受けさせなければならない。

児童の教育及び児童について責任を有する者は、児童の最大の福祉をその指導の原則としなければならない。その責任には、まず第一に両親にあるものとする。

児童は、教育と同じ目的に向けられるべき遊戯及びレクリエーションの十分な機会を持つことができる。社会及び公共機関は、この権利の享有を促進するため努力しなければならない。

第8条

児童は、あらゆる環境にあって、最初に保護及び救済を受けるべき者の範囲にあるものとする。

第9条

児童は、怠慢、残虐及び搾取から保護されなければならない。児童は、いかなる形態においても、売買の対象にされてはならない。

児童は、特定の最低年齢に達する前に雇用されてはならない。児童は、いかなる場合にも、その健康及び教育を害し、又はその身体的、精神的又は道徳的発達を妨げる職業又は雇用において、就業させられ又は就業することを許されてはならない。

第10条

児童は、人種的、宗教的その他の形態での差別を助長するおそれのある慣行から保護されなければならない。児童は、理解、忍耐、人との間の友愛、平和及び四海同胞の精神の下に、また、自己の力及び才能は自己の同胞のために捧げるべきものであるという趣旨の十分な自覚の下に、養育されなれればならない。

Convention on the Rights of the Child
(児童の権利に関する条約)

(1989年11月20日　国連採択)

〔PREABLE〕

The States Parties to the present Convention,

Considering that, in accordance with the principles proclaimed in the Charter of the United Nations, recognition of the inherent dignity and of the equal and inalienable rights of all members of the human family is the foundation of the freedom, justice and peace in the world,

Bearing in mind that the peoples of the United Nations have, in the Charter, reaffirmed their faith in fundamental human rights and in the dignity and worth of the human person, and have determined to promote social progress and better standards of life in larger freedom,

Recognizing that the United Nations has,in the Universal Declaration of Human Rights and in the International Covenants on Human Rights, proclamed and agreed that everyone is entitled to all the rights and freedoms set forth therein, without distinction of any kind, such as race, colour, sex, language, religion, political or other opinion, national or social origin, property, birth or other status,

Recalling that, in the Universal Declaration of Human Rights, the United Nations has proclaimed that childhood is entitled to special care and assistance,

Convinced that the family, as the fundamental group of society and the natural environment for the growth and well-being of all its members and particularly children, should be afforded the necessary protection and assistance so that it can fully assume its responsibilities within the community,

Recognizing that the child, for the full and harmonious development of his or her personality, should grow up in a family environment, in an atomosphere of happiness, love and understanding,

Considering that the child should be fully prepared to live an individual life in society, and brought up in the spirit of the ideals proclaimed in the Charter of the United Nations, and in particular in the spirit of peace, dignity, tolerance, freedom, equality and solidarity,

Bearing in mind that the need to extend particular care to the child has been stated in the Geneva Declaration on the Rights of the Child of 1924 and in the Declaration of the Rights of the Child adopted by the United Nations in 1959 and recognized in the Universal Declaration of Human Rights, in the International Covenant on Civil and Political Rights (in particular in articles

23 and 24), in the International Covenant on Economic, Social and Cultural Rights (in particular in its article 10) and in the statutes and relevant instruments of specialized agencies and international organizations concerned with the welfare of children,

Bearing in mind that, as indicated in the Declaration of the Rights of the Child adopted by the General Assembly on 20 November 1959, "the child, by reason of his physical and mental immaturity, needs special safeguards and care, including appropriate legal protection, before as well as after birth".

Recalling the provisions of the Declaration on Social and Legal Principles relating to the Protection and Welfare of Children, with Special Reference to Foster Placement and Adoption Nationally and Internationally; the United Nations Standard Minimum Rules for the Administration of Juvenile Justice (The Beijing Rules); and the Declaration on the Protection of Women and Children in Emergency and Armed Conflict,

Recognizing that, in all countries in the world, there are children living in exceptionally difficult conditions, and that such children need special consideration,

Taking due account of the importance of the traditions and cultural values of each people for the protection and harmonious development of the child,

Recognizing the importance of international co-operation for improving the living conditions of children in every country, in particular in the developing countries,

Have agreed as follows:

〔PART I〕

Article 1

For the purposes of the present Convention, a child means every human being below the age of eighteen years unless, under the law applicable to the child, majority is attained earlier.

Article 2

1 The States Parties to the present Convention shall respect and ensure the rights set forth in the Convention to each child within their jurisdiction without discrimination of any kind, irrespective of the child's or his or her parent's or legal guardian's race, colour, sex, language,religion,political,or other opinion,national,ethnic or social origin,property,disability,birth or other status.

2 States Parties shall take all appropriate measures to ensure that the child is protected against all forms of discrimination or punishment on the

basis of the status, activities, expressed opinions, or beliefs of the child's parents,legal guardians,or family members.

Article 3

1 In all actions concerning children,whether undertaken by public or private social welfare institutions, courts of law, administrative authorities or legislative bodies, the best interests of the child shall be a primary consideration.

2 States Parties undertake to ensure the child such protection and care as is necessary for his or her well-being, taking into account the rights and duties of his or her parents, legal guardians, or other individuals legally responsible for him or her, and, to this end, shall take all appropriate legislative and administrative measures.

3 States Parties shall ensure that the institutions, services and facilities responsible for the care or protection of children shall conform with the standards established by competent authorities, particularly in the areas of safety, health, in the number and suitability of their staff, as well as competent supervision.

Article 4

States Parties shall undertake all appropriate legislative, administrative, and other measures for the implementation of the rights recognized in this Convention. With regard to economic, social and cultural rights, States Parties shall undertake such measures to the maximum extent of their available resources and, where needed, within the framework of international co-operation.

Article 5

States Parties shall respect the responsibilities, rights and duties of parents or, where applicable, the members of the extended family or community as provided for by local custom, legal guardians or other persons legally responsible for the child, to provide, in a manner consistent with the evolving capacities of the child, appropriate direction and guidance in the exercise by the child of the rights recognized in the present Convention.

Article 6

1 States Parties recognize that every child has the inherent right to life.

2 States Parties shall ensure to the maximum extent possible the survival and development of the child.

Article 7

1 The child shall be registered immediately after birth and shall have the right from birth to a name,the right to acquire a nationality and, as far as possible, the right to know and be cared for by his or her parents.

2 States Parties shall ensure the implementation of these rights in accordance with their national law and their obligations under the relevant international instruments in this field,in particular where the child would otherwise be stateless.

Article 8

1 States Parties undertake to respect the right of the child to preserve his or her identity, including nationality, name and family relations as recognized by law without unlawful interference.

2 Where a child is illegally deprived of some or all of the elements of his or her identity, States Parties shall provide appropriate assistance and protection, with a view to speedily re-establishing his or her identity.

Article 9

1 States Parties shall ensure that a child shall not be separated from his or her parents against their will, except when competent authorities subject to judicial review determine, in accordance with applicable law and procedures,that such separation is necessary for the best interests of the child. Such determination may be necessary in a particular case such as one involving abuse or neglect of the child by the parents, or one where the parents are living separately and a decision must be made as to the child's place of residence.

2 In any proceedings pursuant to paragraph 1, all interested parties shall be given an opportunity to participate in the proceedings and make their views known.

3 States Parties shall respect the right of the child who is separated from one or both parents to maintain personal relations and direct contact with both parents on a regular basis, xcept if it is contrary to the child' s best interests.

4 Where such separation results from any action initiated by a State Party, such as the detention, imprisonment, exile, deportation or death (including death arising from any cause while the person is in the custody of the State)of one or both parents or of the child, that state party shall, upon request, provide the parents, the child or, if appropriate, another member of the family with the essential information concernig the whereabouts of the absent member(s) of the family unless the provision of the

information would be detrimental to the well-being of the child. States Parties shall further ensure that the submissionof such a request shall of itseif entail no adverse consequences for the person(s) concerned.

Article 10

1 In accordance with the obligation of States Parties under article 9, paragraph 1, applications by a child or his or her parents to enter or leave a State Party for the purpose of family reunification shall be dealt with by States Parties in a positive, humane and expeditious manner. States Parties shall further ensure that the submission of such a request shall entail no adverse consequences for the applicants and for the members of their family.

2 A child whose parents reside in different States shall have the right to maintain on a regular basis save in exceptional circumstances personal relations and direct contacts with both parents. Towards that end and in accordance with the obligation of States Parties under article 9,paragraph 2,States Parties shall respect the right of the child and his or her parents to leave any country, including their own, and to enter their own country. The right to leave any country shall be subject only to such restrictions as are prescribed by law and which are necessary to protect the national security, public order (ordre public), public health or morals or the rights and freedoms of others and are consistent with the other rights recognized in the present Convention.

Article 11

1 States Parties shall take measures to combat the illicit transfer and non-return of children abroad.

2 To this end, States Parties shall promote the conclusion of bilateral or multilateral agreements or accession to existing agreements.

Article 12

1 States Parties shall assure to the child who is capable of forming his or her own views the right to express those views freely in all matters affecting the child, the views of the child being given due weight in accordance with the age and maturity of the child.

2 For this purpose,the child shall in particular be provided the opportunity to be heard in any judicial and administrative proceedings affecting the child, either directly, or through a representative or an appropriate body, in a manner consistent with the procedural rules of national law.

Article 13

1 The child shall have the right to freedom of expression;this right shall include freedom to seek, receive and impart information and ideas of all kinds,regardless of frontiers, either orally, in writing or in print, in the form of art, or through any other media of the child's choice.

2 The exercise of this right may be subject to certain restrictions, but these shall only be such as are provided by law and are necessary:
 (a) For respect of the rights or reputations of others;or
 (b) For the protection of national security or of public order(ordre public),or of public health or morals.

Article 14

1 States Parties shall respect the rights of the child to freedom of thought, to conscience and religion.

2 States Parties shall respect the rights and duties of the parents and, when applicable, legal guardians, to provide direction to the child in the exercise of his or her right in a manner consistent with the evolving capacities of the child.

3 Freedom to manifest one's religion or beliefs may be subject only to such limitations as are prescribed by law and are necessary to protect public safety, order, health or morals, or the fundamental rights and freedoms of others.

Article 15

1 States Parties recognize the rights of the child to freedom of association and to freedom of peaceful assembly.

2 No restrictions may be placed on the exercise of these rights other than those imposed in conformity with the law and which are necessary in a democratic society in the interests of national security or public safety, public order (ordre public), the protection of public health or morals or the protection of the rights and freedoms of others.

Article 16

1 No child shall be subjected to arbitrary or unlawful interference with his or her privacy, family, home or correspondence, nor to unlawful attacks on his or her honour and reputation.

2 The child has the right to the protection of the law against such interference or attacks.

Article 17

States Parties recognize the important function performed by the mass media and shall ensure that the child has access to information and material from a diversity of national and international sources, especially those aimed at the promotion of his or her social, spiritual and moral well-being and physical and mental health. To this end, States Parties shall:

(a) Encourage the mass media to disseminate information and material of social and cultural benefit to the child and in accordance with the spirit of article 29;
(b) Encourage international co-operation in the production, exchange and dissemination of such information and material from a diversity of cultural, national and international sources;
(c) Encourage the production and dissemination of children's books;
(d) Encourage the mass media to have particular regard to the linguistic needs of the child who belongs to a minority group or who is indigenous;
(e) Encourage the development of appropriate guidelines for the protection of the child from information and material injurious to his or her well-being,bearing in mind the provisions of articles 13 and 18.

Article 18

1 States Parties shall use their best efforts to ensure recognition of the principle that both parents have common responsibilities for the upbringing and development of the child. Parents or, as the case may be, legal guardians, have the primary responsibility for the upbringing and development of the child. The best interests of the child will be their basic concern.

2 For the purpose of guaranteeing and promoting the rights set forth in the present Convention, States Parties shall render appropriate assistance to parents and legal guardians in the performance of their child-rearing responsibilities and shall ensure the development of institutions, facilities and services for the care of children.

3 States Parties shall take all appropriate measures to ensure that children of working parents have the right to benefit from child-care services and facilities for which they are eligible.

Article 19

1 States Parties shall take all appropriate legislative, administrative, social and educational measures to protect the child from all forms of physical or mental violence, injury or abuse, neglect or negligent treatment, maltreatment or exploitation, including sexual abuse, while in the care of parent(s), legal guardian(s), or any other person who has the care of the

child.

2 Such protective measures should, as appropriate, include effective procedures for the establishment of social programmes to provide necessary support for the child and for those who have the care of the child, as well as for other forms of prevention and for identification, reporting, referral, investigation, treatment, and follow-up of instances of child maltreatment described heretofore, and, as appropriate, for judicial involvement.

Article 20

1 A child temporarily or permanently deprived of his or her family environment, or in whose own best interests cannot be allowed to remain in that environment, shall be entitled to special protection and assistance provided by the State.

2 States Parties shall in accordance with their national laws ensure alternative care for such a child.

3 Such care could include, inter alia, foster placement, kafalah of Islamic law, adoption, or if necessary placement in suitable institutions for the care of children. When considering solutions, due regard shall be paid to the desirability of continuity in a child's upbringing and to the child's ethnic, religious, cultural and linguistic background.

Article 21

States Parties that recognize and/or permit the system of adoption shall ensure that the best interests of the child shall be the paramount consideration and they shall:

(a) Ensure that the adoption of a child is authorized only by competent authorities who determine, in accordance with applicable law and procedures and on the basis of all pertinent and reliable information, that the adoption is permissible in view of the child's status concerning parents, relatives and legal guardians and that, if required,the persons concerned have given their informed consent to the adoption on the basis of such counselling as may be necessary;

(b) Recognize that inter-country adoption may be considered as an alternative means of child's care, if the child cannot be placed in a foster or an adoptive family or cannot in any suitable manner be cared for in the child's country of origin;

(c) Ensure that the child concerned by inter-country adoption enjoys safeguards and standards equivalent to those existing in the case of national adoption;

(d) Take all appropriate measures to ensure that, in inter-country adoption,

the placement does not result in improper financial gain for those involved in it;

(e) Promote, where appropriate, the objectives of the present article by concluding bilateral or multilateral arrangements or agreements, and endeavour, within this framework, to ensure that the placement of the child in another country is carried out by competent authorities or organs.

Article 22

1 States Parties shall take appropriate measures to ensure that a child who is seeking refugee status or who is considered a refugee in accordance with applicable international or domestic law and procedures shall, whether unaccompanied or accompanied by his or her parents or by any other person, receive appropriate protection and humanitarian assistance in the enjoyment of applicable rights set forth in the present Convention and in other international human rights or humanitarian instruments to which the said States are Parties.

2 For this purpose,States Parties shall provide, as they consider appropriate, co-operation in any efforts by the United Nations and other competent intergovernmental organizations or non-governmental organizations co-operating with the United Nations to protect and assist such a child and to trace the parents or other members of the family of any refugee child in order to obtain information necessary for reunification with his or her family.In cases where no parents or other members of the family can be found, the child shall be accorded the same protection as any other child permanetly or temporarily deprived of his or her family environment for any reason, as set forth in the present Convention.

Article 23

1 States Parties recognize that a mentally or physically disabled child should enjoy a full and decent life, in conditions which ensure dignity, promote self-reliance and facilitate the child's active participation in the community.

2 States Parties recognize the right of the disabled child to special care and shall encourage and ensure the extension, subject to available resources, to the eligible child and those responsible for his or her care, of assistance for which application is made and is appropriate to the child's condition and to the circumstances of the parents or others caring for the child.

3 Recognizing the special needs of a disabled child, assistance extended in accordance with paragraph 2 shall be provided free of charge, whenever

possible, taking into account the financial resources of the parents or others caring for the child, and shall be designed to ensure that the disabled child has effective access to and receives education, training, health care services, rehabilitation services, preparation for employment and recreation opportunities in a manner conducive to the child's achieving the fullest possible social integration and individual development, including his or her cultural and spiritual development.

4 States Parties shall promote, in the spirit of international co-operation, the exchange of appropriate information in the field of preventive health care and of medical, psychological and functional treatment of disabled children, including dissemination of and access to information concerning methods of rehabilitation education and vocational services, with the aim of enabling States Parties to improve their capabilities and skills and to widen their experience in these areas. In this regard, particular account shall be taken of the needs of developing countries.

Article 24

1 States Parties recognize the right of the child to the enjoyment of the highest attainable standard of health and to facilities for the treatment of illness and rehabilitation of health. States Parties shall strive to ensure that no child is deprived of his or her right of access to such health care services.

2 States Parties shall pursue full implementation of this right and, in particular, shall take appropriate measures:

(a) To diminish infant and child mortality;

(b) To ensure the provision of necessary medical assistance and health care to all children with emphasis on the development of primary health care;

(c) To combat disease and malnutrition, including within the framework of primary health care, through, inter alia, the application of readily available technology and through the provision of adequate nutritious foods and clean drinking-water, taking into consideration the dangers and risks of environmental pollution;

(d) To ensure appropriate pre- and post-natal health care for mothers;

(e) To ensure that all segments of society, in particular parents and children, are informed, have access to education and are supported in the use of basic knowledge of child health and nutrition, the advantages of breast-feeding, hygiene and environmental sanitation and the prevention of accidents;

(f) To develop preventive health care, guidance for parents and family

planning education and services.

3 States Parties shall take all effective and appropriate measures with a view to abolishing traditional practices prejudicial to the health of children.

4 States Parties undertake to promote and encourage international co-operation with a view to achieving progressively the full realization of the right recognized in the present article. In this regard, paticular account shall be taken of the needs of developing countries.

Article 25

States Parties recognize the right of a child who has been placed by the competent authorities for the purposes of care, protection or treatment of his or her physical or mental health, to a periodic review of the treatment provided to the child and all other circumstances relevant to his or her placement.

Article 26

1 States Parties recognize for every child the right to benefit from social security, including social insurance, and shall take the necessary measures to achieve the full realization of this right in accordance with their national law.

2 The benefits should, where appropriate, be granted, taking into account the resources and the circumstances of the child and persons having responsibility for the maintenance of the child, as well as any other consideration relevant to an application for benefits made by or on behalf of the child.

Article 27

1 States Parties recognize the right of every child to a standard of living adequate for the child's physical, mental, spiritual, moral and social development.

2 The parent(s) or others responsible for the child have the primary responsibility to secure, within their abilities and financial capacities, the conditions of living necessary for the child's development.

3 States Parties, in accordance with national conditions and within their means, shall take appropriate measures to assist parents and others responsible for the child to implement this right and shall in case of need provide material assistance and support programmes,particularly with regard to nutrition, clothing and housing.

4 States Parties shall take all appropriate measures to secure the recovery

of maintenance for the child from the parents or other persons having financial responsibility for the child, both within the State Party and from abroad. In particular, where the person having financial responsibility for the child lives in a State different from that of the child, States Parties shall promote the accession to international agreements or the conclusion of such agreements, as well as the making of other appropriate arrangements.

Article 28

1 States Parties recognize the right of the child to education, and with a view to achieving this right progressively and on the basis of equal opportunity, they shall, in particular:
   (a) Make primary education compulsory and available free to all;
   (b) Encourage the development of different forms of secondary education, including general and vocational education, make them available and accessible to every child, and take appropriate measures such as the introduction of free education and offering financial assistance in case of need;
   (c) Make higher education accessible to all on the basis of capacity by every appropriate means;
   (d) Make educational and vocational information and guidance available and accessible to all children;
   (e) Take measures to encourage regular attendance at schools and the reducation of drop-out rates.

2 States Parties shall take all appropriate measures to ensure that school discipline is administered in a manner consistent with the child's human dignity and in conformity with the present Convention.

3 States Parties shall promote and encourage international co-operation in matters relating to education, in particular with a view to contributing to the elimination of ignorance and illiteracy throughout the world and facilitating access to scientific and technical knowledge and modern teaching methods. In this regard, particular account shall be taken of the needs of developing countries.

Article 29

1 States Parties agree that the education of the child shall be directerd to:
   (a) The development of the child's personality, talents and mental and physical abilities to their fullest potential;
   (b) The development of respect for human rights and fundamental freedoms, and for the principles enshrined in the Charter of the United

Nations;
(c) The development of respect for the child's parents, his or her own cultural identity, language and values, for the national values of the country in which the child is living, the country from which he or she may originate, and for civilizations different from his or her own;
(d) The prepartation of the child for responsible life in a free society, in the spirit of understanding, peace, tolerance, equality of sexes, and friendship among all peoples, ethnic, national and religious groups and persons of indigenous origin;
(e) The development of respect for the natural environment.

2 No part of the present article or article 28 shall be construed so as to interfere with the liberty of individuals and bodies to establish and direct educational institutions, subject always to the observance of the principles set forth in paragraph 1 of the present article and to the requirements that the education given in such institutions shall conform to such minimum standards as may be laid down by the State.

Article 30

In those States in which ethnic, religious or linguistic minorities or persons of indigenous origin exist, a child belonging to such a minority or who is indigenous shall not be denied the right, in community with other members of his or her group, to enjoy his or her own culture, to profess and practise his or her own religion, or to use his or her own language.

Article 31

1 States Parties recognize the right of the child to rest and leisure, to engage in play and recreational activities appropriate to the age of the child and to participate freely in cultural life and the arts.

2 States Parties shall respect and promote the right of the child to participate fully in cultural and artistic life and shall encourage the provision of appropriate and equal opportunities for cultural, artisitic, recreational and leisure activity.

Article 32

1 States Parties recognize the right of the child to be protected from economic exploitation and from performing any work that is likely to be hazardous or to interfere with the child's eductation, or to be harmful to the child's health or physical, mental, spiritual, moral or social development.

2 States Parties shall take legislative, administrative, social and educa-

tional measures to ensure the implementation of the present article. To this end, and having regard to the relevant provisions of other international instruments, States Parties shall in particular:

(a) Provide for a minimum age or minimum ages for admissions to employment;
(b) Provide for appropriate regulation of the hours and conditions of employment;and
(c) Provide for appropriate penalties or other sanctions to ensure the effective enforcement of the present article.

Article 33

States Parties shall take all appropriate measures, including legislative, administrative, social and educational measures, to protect children from the illicit use of narcotic drugs and psychotropic substances as defined in the relevant international treaties, and to prevent the use of children in the illicit production and trafficking of· such substances.

Article 34

States Parties undertake to protect the child from all forms of sexual exploitation and sexual abuse. For these purposes, States Parties shall in particular take all appropriate national, bilateral and multilateral measures to prevent:

(a) The inducement or coercion of a child to engage in any unlawful sexual activity;
(b) The exploitative use of children in prostitution or other unlawful sexual practices;
(c) The exploitative use of children in pornographic perfomances and materials.

Article 35

States Parties shall take all appropriate national, bilateral and multilateral measures to prevent the abduction, the sale of or traffic in children for any purpose or in any form.

Article 36

States Parties shall protect the child against all other forms of exploitation prejudicial to any aspects of the child's welfare.

Article 37

States Parties shall ensure that:

(a) No child shall be subjected to torture or other cruel, inhuman or degrading treatment or punishment. Neither capital punishment nor life imprisonment without possibility of release shall be imposed for offences com-

mitted by persons below eighteen years of age;

(b) No child shall be deprived of his or her liberty unlawfully or arbitrarily. The arrest, detention or imprisonment of a child shall be in conformity with the law and shall be used only as a measure of last resort and for the shortest appropriate period of time;

(c) Every child deprived of liberty shall be treated with humanity and respect for the inherent dignity of the human person, and in a manner which takes into account the needs of persons of their age. In particular, every child deprived of liberty shall be separated from adults unless it is considered in the child's best interest not to do so and shall have the right to maintain contact with his or her family through correspondence and visits, save in exceptional circumstances;

(d) Every child deprived of his or her liberty shall have the right to prompt access to legal and other appropriate assistance, as well as the right to challenge the legality of the deprivation of his or her liberty before a court or other competent, independent and impartial authority, and to a prompt decision on any such action.

Article 38

1 States Parties undertake to respect and to ensure respect for rules of international humanitarian law applicable to them in armed conflicts which are relevant to the child.

2 States Parties shall take all feasible measures to ensure that persons who have not attained the age of fifteen years do not take a direct part in hostilities.

3 States Parties shall refrain from recruiting any person who has not attained the age of fifteen years into their armed forces. In recruiting among those persons who have attained the age of fifteen years but who have not attained the age of eighteen years, States Parties shall endeavour to give priority to those who are oldest.

4 In accordance with their obligations under international humanitarian law to protect the civilian population in armed conflicts, States Parties shall take all feasible measures to ensure protection and care of children who are affected by an armed conflict.

Article 39

States Parties shall take all appropriate measures to promote physical and psychological recovery and social reintegration of a child victim of:any form of neglect,exploitation, or abuse; torture or any other form of cruel, inhuman or degrading treatment or punishment; or armed conflicts. Such recovery and reintegration shall take place in an environment which fosters the health, self-respect and dignity of the child.

Article 40

1 States Parties recognize the right of every child alleged as, accused of, or recognized as having infringed the penal law to be treated in a manner consistent with the promotion of the child's sense of dignity and worth, which reinforces the child's respect for the human rights and fundamental freedoms of others and which takes into account the child's age and the desirability of promoting the child's reintegration and the child' s assuming a constructive role in society.

2 To this end, and having regard to the relevant provisions of international instruments, States Parties shall, in particular, ensure that:

(a) No child shall be alleged as, be accused of, or recognized as having infringed the penal law by reason of acts or omissions that were not prohibited by national or international law at the time they were committed;

(b) Every child alleged as or accused of having infringed the penal law has at least the following guarantees:

(i) To be presumed innocent until proven guilty according to law;

(ii) To be informed promptly and directly of the charges against him or her, and, if appropriate, through his or her parents or legal guardian, and to have legal or other appropriate assistance in the preparation and presentation of his or her defence;

(iii) To have the matter determined without delay by a competent, independent and impartial authority or judicial body in a fair hearing according to law, in the presence of legal or other appropriate assistance and, unless it is considered not to be in the best interest of the child, in particular, taking into account his or her age or situation, his or her parents or legal guardians;

(iv) Not to be compelled to give testimony or to confess guilt; to examine or have examined adverse witnesses and to obtain the participation and examination of witnesses on his or her behalf under conditions of equality;

(v) If considered to have infringed the penal law, to have this decision and any measures imposed in consequence thereof reviewed by a higher competent,independent and impartial authority or judicial body according to law;

(vi) To have the free assistance of an interpreter if the child cannot understand or speak the language used;

(vii) To have his or her privacy fully respected at all stages of the proceedings.

3 States Parties shall seek to promote the establishment of laws, proce-

dures, authorities and institutions specifically applicable to children alleged as, accused of, or recognized as having infringed the penal law, and, in particular:

(a) The establishment of a minimum age below which children shall be presumed not to have the capacity to infringe the penal law;

(b) Whenever appropriate and desirable, measures for dealing with such children without resorting to judicial proceedings, providing that human rights and legal safeguards are fully respected.

4 A variety of dispositions, such as care, guidance and supervision orders; counselling; probation; foster care; education and vocational training programmes and other alternatives to institutional care shall be available to ensure that children are dealt with in a manner appropriate to their well-being and proportionate both to their circumstances and the offence.

Article 41

Nothing in the present Convention shall affect any provisions which are more conductive to the realization of the rights of the child and which may be contained in:

(a) The law of a State Party; or

(b) International law in force for that State.

〔PART II〕

Article 42

States Parties undertake to make the principles and provisions of the Convention widely known, by appropriate and active means, to adults and children alike.

Article 43

1 For the purpose of examining the progress made by States Parties in achieving the realization of the obligations undertaken in a present Convention, there shall be established a Committee on the Rights of the Child, which shall carry out the functions hereinafter provided.

2 The Committee shall consist of ten experts of high moral standing and recognized competence in the field covered by this Convention.The members of the Committee shall be elected by States Parties from among their nationals and shall serve in their personal capacity, consideration being given to equitable geographical distribution, as well as to the prin-

cipal legal systems.

3 The members of the Committee shall be elected by secret ballot from a list of persons nominated by States Parties. Each State Party may nominate one person from among its own nationals.

4 The intial election to the Committee shall be held no later than six months after the date of the entry into force of the present Convention and thereafter every second year. At least four months before the date of each election, the Secretary-General of the United Nations shall address a letter to States Parties inviting them to submit their nominatious within two months. The Secretary-General shall subsequently prepare a list in alphabetical order of all persons thus nominated, indicating States Parties which have nominated them,and shall submit it to the States Parties to the present Convention.

5 The elections shall be held at meetings of the States Parties convened by the Secretary-General at United Nations Headquarters. At those meetings, for which two thirds of States Parties shall constitute a quorum, the persons elected to the Committee shall be those who obtain the largest number of votes and an absolute majority of the votes of the representatives of States Parties present and voting.

6 The members of the Committee shall be elected for a term of four years. They shall be eligible for re-election if renominated. The term of five of the members elected at the first election shall expire at the end of two years; immediately after the first election, the names of these five members shall be chosen by lot by the Chairman of the meeting.

7 If a member of the Committee dies or resigns or declares that for any other cause he or she can no longer perform the duties of the Committee, the State Party which nominated the member shall appoint another expert from among its nationals to serve for the remainder of the term, subject to the approval of the Committee.

8 The Committee shall establish its own rules of procedure.

9 The Committee shall elect its officers for a period of two years.

10 The meetings of the Committee shall normally be held at United Nations Headquarters or at any other convenient place as determined by the Committee. The Committee shall normally meet annually. The duration of the meetings of the Committee shall be determined, and reviewed, if necessary, by a meeting of the States Parties to the present Convention, subject to the approval of the General Assembly.

11 The Secretary-General of the United Nations shall provide the necessary staff and facilities for the effective performance of the functions of the Committee under the present Convention.

12 With the approval of the General Assembly, the members of the Committee established under the present Convention shall receive emoluments from United Nations resources on such terms and conditions as the Assembly may decide.

Article 44

1 States Parties undertake to submit to the Committee, through the Secretary-General of the United Nations, reports on the measures they have adopted which give effect to the rights recognized herein and on the progress made on the enjoyment of those rights:

(a) Within two years of the entry into force of the Convention for the State Party concerned;

(b) Thereafter every five years.

2 Reports made under the present article shall indicate factors and difficulties, if any, affecting the degree of fulfilment of the obligations under the present Convention. Reports shall also contain sufficient information to provide the Committee with a comprehensive understanding of the implementation of the Convention in the country concerned.

3 A State Party which has submitted a comprehensive initial report to the Committee need not, in its subsequent reports submitted in accordance with paragraph 1 (b), repeat basic information previously provided.

4 The Committee may request from States Parties further information relevant to the implementation of the Convention.

5 The Committee shall submit to the General Assembly, through the Economic and Social Council, every two years, reports on its activities.

6 States Parties shall make their reports widely available to the public in their own countries. Article 45

In order to forster the effective implementation of the Convention and to encourage international co-operation in the field covered by the Convention:

(a) The specialized agencies, the United Nations Children's Fund, and other United Nations organs shall be entitled to be represented at the consideration of the implementation of such provisions of the present Convention as fall within the scope of their mandate. The Committee may invite the specialized agencies, the United Nations Children's Fund and other competent bodies as it may consider appropriate to provide expert advice on the implementation of the Convention in areas falling within the scope of their respective mandates. The Committee may invite the specialized agencies, the United Nations Children's Fund, and other United Nations organs to submit

reports on the implementation of the Convention in areas falling within the scope of their activities;

(b) The Committee shall transmit, as it may consider appropriate, to the specialized agencies, the United Nations Children's Fund and other competent bodies, any reports from States Parties that contain a request, or indicate a need, for technical advice or assistance, along with the Committee's observations and suggestions, if any, on these requests or indications;

(c) The Committee may recommend to the General Assembly to request the Secretary -General to undertake on its behalf studies on specific issues relating to the rights of the child;

(d) The Committee may make suggestions and general recommendations based on information received pursuant to articles 44 and 45 of the present Convention. Such suggestions and general recommendations shall be transmitted to any State Party concerned and reported to the General Assembly, together with comments, if any, from States Parties.

〔PART III〕

Article 46

The present Convention shall be open for signature by all States.

Article 47

The present Convention is subject to ratification. Instruments of ratification shall be deposited with the Secretary-General of the United Nations.

Article 48

The present Convention shall remain open for accession by any State. The instruments of accession shall be deposited with the Secretary-General of the United Nations.

Article 49

1 The present Convention shall enter into force on the thirtieth day following the date of deposit with the Secretary-General of the United Nations of the twentieth instrument of ratification or accession.

2 For each State ratifying or acceding to the Convention after the deposit of the twentieth instrument of ratification or accession, the Convention shall enter into force on the thirtieth day after the deposit by such State of its instrument of ratification or accession.

Article 50

1 Any State Party may propose an amendment and file it with the Secretary-General of the United Nations. The Secretary-General shall thereupon communicate the proposed amendment to States Parties,with a request that they indicate whether they favour a conference of States Parties for the purpose of considering and voting upon the proposals. In the event that, within four months from the date of such communication, the Secretary-General shall convene the conference under the auspices of the United Nations. Any amendment adopted by a majority of States Parties present and voting at the conference shall be submitted to the General Assembly for approval.

2 An amendment adopted in accordance with paragraph (1) of the present article shall enter into force when it has been approved by the General Assembly of the United Nations and accepted by a two-thirds majority of States Parties.

3 When an amendment enters into force, it shall be binding on those States Parties which have accepted it, other States Parties still being bound by the provisions of the present Convention and any earlier amendments which they have accepted.

Article 51

1 The Secretary-General of the United Nations shall receive and circulate to all States the text of reservations made by States at the time of ratification or accession.

2 A reservation incompatible with the object and purpose of the present Convention shall not be permitted.

3 Reservations may be withdrawn at any time by notification to that effect addressed to the Secretary-General of the United Nations, who shall then inform all States. Such notification shall take effect on the date on which it is received by the Secretary-General.

Article 52

A State Party may denounce the present Convention by written notification to the Secretary-General of the United Nations. Denunciation becomes effective one year after the date of receipt of the notification by the Secretary-General.

Article 53

The Secretary-General of the United Nations is designated as the de-

pository of the present Convention.

Article 54

The original of the present Convention, of which the Arabic, Chinese, English, French, Russian and Spanish texts are equally authentic, shall be deposited with the Secretary-General of the United Nations.

（仮訳：日本ユニセフ協会）

前　文

この条約の締結国は、

国際連合憲章において宣明された原則に従い、人類社会を構成する者すべてが、本来的に尊厳な存在であり、平等にして不可譲の権利を有するものであると認めることが世界における自由、正義及び平和の基礎であることを考慮し、

国際連合加盟国の国民が、国際連合憲章において、基本的人権、人間の尊厳及び価値についての信念を再確認し、かつ、より一層大きな自由を享受しながら社会の進歩及び生活水準の向上を促進すると決意したことに留意し、

国際連合が、世界人権宣言及び国際人権規約において、何人も人種、皮膚の色、性、言語、宗教、政治的その他の意見、国民的又は社会的出身、財産、出生その他の地位による差別を受けることなく、同宣言及び同規約に揚げるすべての権利及び自由を有することを宣明し、かつ、このことに同意したことを認識し、

国際連合が、世界人権宣言において、子どもというものは、特別なケアと援助を受ける権利を有することを宣明したことを想起し、

家族は、社会の基礎的集団であり、かつ、それを構成するすべての者、特に児童の成長及び福祉のための自然環境であるから、家族が地域社会において十分責務を果たすことができるように、必要な保護及び援助が与えられるべきであることを確信し、

児童は、その人格の全面的かつ調和のとれた発達のために、家庭的環境の下で幸福、愛情及び理解に満ちた雰囲気の中で成長するべきであることを認め、

児童は、社会の中で個人として生活を送ることができるように十分な準備がされるべきであり、かつ、国際連合憲章に宣明された理想の精神と、平和、尊厳、寛容、自由、平等及び連帯の精神に基づいて育てられるべきであることを考慮し、

児童には特別なケアがなされなければならないということは、1924年の児童の権利に関するジュネーブ宣言、1959年11月20日に国際連合総会で採択された児童の権利に関する宣言、世界人権宣言、市民的及び政治的権利に関する国際規約（特に第23条及び第24条）、経済的、社会的及び文化的権利に関する国際規約（特に第10条）、並びに児童福祉に関係する専門機関及び国際機関が定めた諸規定及び関連文書等により述べられてきているところであることに留意し、

児童の権利に関する宣言に示されたように「児童は、身体的及び精神的に未熟であるから、その出生以後と同様出生前においても、適当な法律上の保護を含む特別の保

護及びケアが必要である」ことに留意し、
児童の保護及び福祉に関する社会的及び法的な原則についての宣言、そのうちとくに一国内及び国際間で行われる里親委託及び養子縁組に関する該当規定、青少年司法行政に関する国際連合最低基準規則（北京規則）、及び緊急事態及び武力紛争下における女子及び児童の保護に関する宣言の規定を想起し
世界のすべての国に極めて困難な状況の下で生活している児童がいること、又、こうした児童には特別の配慮が必要であることを認め、
児童の保護及び調和のとれた成長にとっては、それぞれの国の国民の伝統及び文化価値が重要な意味を持つものであることを十分念頭に置いて、
あらゆる国、特に発展途上国における児童の生活状況を改善するための国際協力の重要性を認めて、
次のとおり協定した。

〔第１部〕

第１条
この条約において、児童とは、十八歳未満のすべての者をいう。ただし、児童に適用される法律により、より早く成年に達する場合はこの限りではない。

第２条
1　締約国は、その管轄の下にあるすべての児童に対し、児童、その親又は法定保護者の人種、皮膚の色、性、言語、宗教、政治的その他の意見、国民的、人種的又は社会的出身、財産、障害、出生その他の地位のいかんを問わず、どんな種類の差別も受けることなく、この条約に掲げる権利を尊重し、保障しなければならない。
2　児童がその親、法定保護者又は家族員の地位、活動、表明した意見又は信念に基づいてなされる、いかなる形態の差別又は処罰をも受けないようにするため、締約国は、あらゆる適当な措置をとらなければならない。

第３条
1　児童に関わるすべての活動をする場合には、それが公的社会福祉機関のなすものか私的な機関のなすものであるかを問わず、又は、裁判所、行政機関又は立法機関のいずれによるものであるかを問わず、児童の最善の利益をはかることが第一義的に考慮されなければならない。
2　締約国は、児童の親、法定保護者又は当該児童について法的に責任を有するその他の者の権利義務を考慮に入れながら、児童の福祉に必要な保護及びケアを児童に保障することを約束し、この目的達成のために、適当な立法上及び行政上のあらゆる措置をとらなければならない。
3　締約国は、児童のケア又は保護に責任を負う機関、サービス及び施設が、特に安全及び保健の分野、関係職員の数及びその適性並びに適格な監督に関して、権限

ある機関の定めた基準を確実に守るように確保しなければならない。

第4条

締約国は、この条約で認められた権利を実現するため、立法上、行政上その他適正なあらゆる措置をとらなければならない。経済的、社会的及び文化的権利に関して、締約国は、自国において利用可能な手段を最大限に活用し、必要によっては、国際的な協力機構を通じて、この措置をとらなければならない。

第5条

この条約において認められる権利を児童が行使するに当たり、締約国は、親又は該当する場合にはその地方の慣行によって認められている拡大家族若しくは共同体の構成員、法的保護者その他児童に関して法的責任を負う者が当該児童の能力の発達と適合する仕方で、適当な指示及び指導を与える責任、権利及び義務を尊重しなければならない。

第6条

1 締約国は、すべての児童は固有の生きる権利を有することを認める。

2 締約国は、児童の生存及び発達を最大限可能な限り確保しなければならない。

第7条

1 児童は、出生後ただちに登録され、出生の時から氏名を持つ権利を与えられ、かつ、国籍を取得する権利、かつ、できる限りその親を知る権利を与えられ、その親によって養育される権利を与えられなければならない。

2 締約国は、その国内法に従って前項の諸権利を実現するよう確保しなければならない。この場合、特に当該児童が、放置すれば無国籍になる事情にあるときは、この法領域での関連する国際的な取り決めに基づく自国の国際法上の責任に従って、前項の権利の実現をはからなければならない。

第8条

1 締約国は、法により認められる国籍、氏名、家族関係を含むアイデンティティーを、不法な干渉を受けることなく保持する権利を児童が有することを尊重することを確約する。

2 児童がそのアイデンティティーの構成要素の一部又は全部を不法に奪われた場合には、締約国は、アイデンティティーの速やかな再確定のために適当な援助及び保護を与えなければならない。

第9条

1 締約国は、次の場合を除いては、児童がその親の意志に反して親から分離されないことを確保しなければならない。権限ある機関が、司法審査に服することを前提にして、親からの分離をすることが当該児童の最善の利益である旨を、適用す

べき法規及び手続に従って決定した場合がこれである。このような決定は、親が児童を虐待又は放置したとき、又は両親が別居していて児童の居住地を決定しなければならないとき等特定なときに限り必要と認めることができる。

2　関係当事者はすべて、前項に基づくいかなる手続にあっても、これに参加し、かつ、自己の意見を表明する機会を与えられなければならない。

3　一方又は双方の親から分離されている児童は、定期的にいずれの親とも個人的な関係及び間接的に接触を維持する権利を有するのであって、締約国は、児童の最善の利益に反する場合を除いては、この権利を尊重しなければならない。

4　前項の分離が、児童の一方又は双方の親若しくは児童の抑留、拘禁、流刑、国外追放又は死亡（いかなる原因たるを問わず国家による抑留中に生じた死亡を含む。）その他締約国がとった行為に基づく場合には、当該締約国は、申請に基づき親、児童又は場合によっては家族の他の構成員に対して、家族中の不在者の所定に関する基本的な情報を提供しなければならない。ただし、当該情報の提供が児童の福祉を害する場合はこの限りでない。締約国は、この場合当該申請の提出自体がこれに関係する者に不利益をもたらすことにならないようはからなければならない。

第10条

1　児童またはその親が、家族再開の目的で、締約国のひとつに入国又はそこから出国する申請を行った場合には、締約国は、前条1項で定められる締約国の義務に従って、積極的、人道的かつ迅速な方法で、当該申請を審査しなければならない。締約国はこの種の申請があったことを理由に、申請者及びその家の家族構成員を不利益に扱ってはならない。

2　その親が異なる国に移住している児童は、例外的な場合を除いては、定期的にどちらの親とも個人的な関係及び直接の接触を維持する権利を有する。締約国は、この権利実現のため、かつ、前条2項の規定に基づき締約国が負う義務に従い、児童及びその親が自国を含むいかなる国からも出国し、かつ、自国に入国する権利を尊重しなければならない。出国する権利は、法律によって定められ、かつ、国家の安全、公の秩序、公衆の健康又は道徳若しくは他人の権利及び自由を保護するために必要であって、かつ、この条約において定められる他の権利と両立する制限にのみ従うものでなければならない。

第11条

1　締約国は、児童の不法な移送及び国外からの帰国不能が生じないように必要な措置をとらなければならない。

2　前項の目的のために、締約国は、二国間若しくは多国間の協定の締結又は現行の協定への加入を促進しなければならない。

第12条

1　締約国は、自己の意見を持つ能力のある児童には、その児童に影響を与える問題

のすべてに関して自己の意見を自由に表明する権利を保障しなければならない。児童の意見には、その児童の年齢及び成熟度に応じてそれにふさわしい考慮が払われるものとする。

2　前項の目的のため、児童は、特に、自己に影響を及ぼすあらゆる司法上及び行政上の手続において、国内法の手続規定に合致する方法により、直接若しくは代理人又は適当な者を通じて意見を述べる機会を与えられなければならない。

第13条

1　児童は、表現の自由の権利を有する。その権利には、口頭、手書き又は印刷、芸術的な手法その他その児童が選択したいかなる方法によるかを問わず、いかなる種類の情報及び思想をも、国境を越えて求め、受け及び伝える自由を含む。

2　前項の権利の行使には、一定の制限を課することができる。ただし、その制限は、法律によって定められ、かつ、次の目的のために必要とされるものでなければならない。

（a）他の者の権利又は名誉の尊重

（b）国の安全若しくは公の秩序、公衆の健康又は道徳の保護

第14条

1　締約国は、児童の思想、良心及び宗教の自由の権利を尊重しなければならない。

2　児童がその能力の発展段階にふさわしい仕方で、自らの権利を行使するに当たって、その親及び適当な場合には法定保護者が、児童に対して有する指示を与える権利及び義務を、締約国は尊重しなければならない。

3　宗教又は信念を表明する自由は、法律で定める制限であって、かつ、公共の安全、公の秩序、公衆の健康又は道徳その他、他の者の基本的な権利及び自由を保障するために必要な制限にのみ服する。

第15条

1　締約国は、児童の結社の自由及び平和的な集会の自由の権利を認める。

2　前項の権利の行使は、法律に従って課せられる制限であって、かつ、国家の安全又は公共の安全、公の秩序、公衆の健康、又は道徳の保護若しくは他の者の権利及び自由の保護のために民主的社会において必要なもの以外のいかなる制限も受けない。

第16条

1　いかなる児童も、そのプライバシー、家族、住居又は通信に恣意的又は不法な干渉を受けてはならない。又その名誉及び信用を不法に侵害されない。

2　児童は、前項の干渉又は侵害に対し法による保護を受ける権利を有する。

第17条

締約国は、マス・メディアの果たす機能の重要性を認め、児童が国内及び国際的な

多様な情報源から情報及び資料、特に児童の社会的、精神的及び道徳的福祉並びに心身の健康を促進する目的の情報及び資料を利用できるよう確保しなければならない。この目的のために、締約国は、次のことをしなければならない。
(a)社会的及び文化的に児童の役に立つ情報及び資料を、第29条の精神に従って普及させるようマス・メディアを奨励すること
(b) 前項の情報及び資料を、文化的にも、国内及び国際的にも多様な情報源から、作成し、交換し及び普及させるよう国際協力を奨励すること
(c) 児童用書籍の作成及び普及奨励すること
(d) 少数者集団に属し又は原住民である児童の言語上の必要に特に配慮するようマス・メディアを奨励すること
(e)第13条及び第18条の規定に留意して、児童の福祉に有害な情報及び資料から児童を保護するため、適当な指針を作成するように奨励すること

第18条
1　締約国は、いずれ親も児童のケア及び発達について共同の責任を有するという原則があることの認識が確保されるよう最善の努力をもって働きかけなければならない。親又は場合により法的保護者は、児童のケア及び発達について、第一次的な責任を有する。児童の最善の利益が、これらの者の基本的な関心事項となるであろう。
2　この条約に掲げる権利を保障し、かつ、促進するため、締約国は児童を養育する責任を遂行する親及び法定保護者に対して、適切な援助を与えなければならない。又、児童の養育のための機関、施設及びサービスの開発をはからなければならない。
3　親が働きに出ている場合、締約国は、その児童が資格のある児童養育サービス及び施設から便益を受ける権利を持てるように、あらゆる適切な手段をとらなければならない。

第19条
1　締約国は、児童が親、法定保護者その他児童を養育する者のケアを受けている間において、いかなる形態の肉体的又は精神的な暴力、侵害又は虐待、放任又は怠慢な扱い、性的虐待を含む不当な処遇又は搾取等から児童を保護するため、立法上、行政上、社会上及び教育上適切なあらゆる措置をとらなければならない。
2　前項の保護措置には、状況に応じて、児童及び児童をケアする者に必要な援助を与えるための社会的な計画を作成するため及びその他の予防手段のための有効な手段を含むことがあるとともに、前項に掲げた児童の不当な取扱いがあった場合、それを確認、報告、付託、調査、処置及び再調査するために有効な手続を含み、又、状況に応じては、裁判所の関与する手段をも含むものとする。

第20条
1　自己の家庭環境を一時的又は恒久的に奪われた児童又は家庭環境にとどまるこ

とがこの者の最善の利益にはならない児童は、国の提供する特別の保護及び援助を受ける権利を有する。

2　締約国は、これらの児童のために、その国内法に従って、代替的なケアを確保しなければならない。

3　前項のケアには、例えば、里親委託、イスラム法のカファラ、養子縁組、又は必要な場合には児童のケアにとって適切な施設への収容を含むことができる。解決策を検討するに当たっては、一貫した児童の養育が望ましいこと及び児童の人種的、宗教的、文化的及び言語的な背景について、相当な考慮を払わなければならない。

第21条

養子縁組制度を承認し又は許可している締約国は、児童の最善の利益をなによりも考慮するよう確保しなければならない。又、締約国は、次のことをしなければならない。

(a) 児童の養子縁組は、権限のある政府機関のみが許可し得るよう確保すること。この場合、関係機関は、該当する法律及び手続に従い、かつ、信頼し得るすべての関係情報に基づいて養子縁組をすることが親、親族及び法定保護者と児童との関係のあり方に照らして許容されること、又、関係者がカウンセリングを必要とする場合には、そのカウンセリングの結果に基づき、法の定めるところにより、当該養子縁組についての事情を知らされたうえで同意を与えるよう確保すること

(b) 国際養子縁組は、児童をその出身国内において里親委託又は養子として養家に託すること、その他適切な方法でケアすることができない場合に限り、それに代わる手段として考えることができることを認めること

(c) 国際養子縁組された児童は、国内養子縁組について与えられる保護の内容及びその水準と同等のものを享受し得るよう確保すること

(d) 国際養子縁組において、当該縁組が、関係者に不当な金銭上の利得をもたすらことがないように、あらゆる適切な措置をとること

(e) 適当な場合には、二国間又は多国間の取り決め又は協定を締結することにより本条の目的を促進し、かつ児童を多国で養子縁組させる場合には、本条の定める枠組み内で、権限ある機関又は組織がこれを行うことを確保するよう努力すること

第22条

1　締約国は、難民の地位を求めている児童又は適当な国際法又は国内法及びその手続に従て難民と認められる児童が、その親その他の者に同伴すると否とを問わず、本条約その他当該国が締結した国際人権その他の人道に関わる規程文書に掲げていると同様の権利を享受するに当たり、適当な保護及び人道的な援助を受けられるよう適切な措置をとらなければならない。

2　前項の目的のために、締約国は、必要と判断した場合には、前項の児童を保護し

援助するため、及びその家族と再結合するのに必要な情報を得る目的で児童の親その他の家族員を追跡調査するために、国際連合その他これと協力する権限ある政府間機関又は非政府団体の努力に協力しなければならない。親その他の家族員を追跡できない場合には、本条約の定めるところにより、児童は、理由のいかんを問わず、恒久的又は一時的に家庭環境を奪われている児童に与えられる保護と同様の保護を与えられる。

第23条

1　締約国は、精神上又は身体上障害を持つ児童が、その尊厳を確保し、自立を促進し及び児童がコミュニティーに積極的に参加することを容易にする状況の中で、充実し、相応な生活を享受すべきであることを認める。

2　締約国は、障害を持つ児童には特別なケアを受ける権利があることを認め、かつ、援助を受ける資格のある児童及びこの児童をケアする責任を負う者に対して利用し得る手段の範囲で、これらの者の申請に基づき、かつ、児童の条件及び児童をケアする親その他の者の事情に応じて、援助を奨励し、かつ、確保しなければならない。

3　障害を持つ児童には特別なニーズがあることを確認し、前項の定めによりなされる援助は、児童をケアする親その他の者の経済状態を考慮して可能な限り無償で行われなければならない。又、障害を持つ児童が、できるだけ完全に社会に溶け込み、かつ、文化的、精神的な発達を含む児童自身の発達を達成するのに役立つ方法で、教育、訓練、保健サービス、リハビリテーション・サービス、職業訓練及びレクリエーションの機会に効果的に接し、かつ、これらを実際に利用できるような制度を設けなければならない。

4　締約国は、国際協力の精神にのっとり、障害を持つ児童の予防保健並びに医学的、心理学的及び機能的な治療の分野で、適当な情報の交換を促進する。情報の交換には、締約国が、これらの分野において、自国の能力及び技能を向上させ並びに自国の経験を広げることを目的として、リハビリテーション、教育及び職業サービスの方法に関する情報を広め、かつ利用可能にすることを含む。この点に関し、発展途上国には特別な配慮が払われなければならない。

第24条

1　締約国は、児童には、現在達し得る最高水準の健康に恵まれる権利並びに病気の治療及び健康の回復のためのに施設で手当を受ける権利があることを認識する。締約国は、いかなる児童もこのような保健サービスを利用する権利が奪われることがないように努めなければならない。

2　締約国は、この権利の完全な実施を追求するものとし、特に、次の適当な措置をとる。

(a) 乳幼児の死亡率を低下させること

(b) プライマリーヘルスケアの発展に重点を置いて、すべての児童に、必要な医療援助及び保健サービス提供を確保すること

(c) 環境汚染の危険を考慮して、プライマリーヘルスケアの枠組みの範囲内で、容易に利用可能な技術を活用すること、栄養価の高い適当な食べ物及び清潔な飲

料水を供給すること等を通して、疾病及び栄養不良をなくすこと
(d) 母親のために出産前後の適切な保健サービスを確保すること
(e)社会のすべての構成員、特に親及び児童が、児童の健康及び栄養、母乳による育児の利点、衛生観念及び環境衛生の確保並びに事故の防止について、基礎的な知識を用いるに当たり、情報の提供を受け、教育の機会が与えられ、かつ、支援されることを確保すること
(f)予防保健サービス、親に対する指導、家族計画に関する教育及びサービスを発展させること
3 締約国は、児童の保健に有害な伝統的な慣行を廃止するために、あらゆる効果的かつ適切な措置をとらなければならない。
4 締約国は、本条において認められる権利の完全実施を漸進的に達成するために、国際協力を促進し奨励することを約束する。この点に関し、発展途上国のニーズには特別な配慮が払われなければならない。

第25条
締約国は、児童がケア、保護若しくは身体上又は精神上の健康療養のために権限ある機関によって施設に収容されている場合には、児童が受けている取扱い及び児童が置かれている施設に関連するいっさいのその他の事情が当該児童にとって適切かどうか定期的に審査をしてもらう権利を有することを認める。

第26号
1 締約国は、すべての児童が、社会保険等の社会保障から給付を受ける権利を有することを求め、国内法に従って、この権利の完全な実施を達成するために必要な措置をとらなければならない。
2 前項の給付は、場合に応じて、児童及び児童を扶養する責任を負う者の資力及び事情、並びに児童によって又は児童に代わってなされた給付申請に関わるその他いっさいの事情を考慮して、与えられなければならない。

第27条
1 締約国は、すべての児童が、その身体的、知能的、精神的、道徳的及び社会的発達にふさわしい生活水準を受ける権利を有することを認める。
2 親その他児童に責任を負う者は、自己の能力及び資力の範囲内で、児童の発達に必要な生活条件を確保する第一次的な責任を有する。
3 締約国は、自国の条件に従い、かつ、その能力の範囲内で、児童のがこの権利を享受できるように、親その他児童の養育に責任を負う者を援助するための適切な措置を講じなければならない。締約国は、また、必要な場合には、特に栄養、衣服及び住居に関して、具体的な援助救済計画を立てなければならない。
4 締約国は、親その他児童の養育に関し費用責任を負う者から国内及び国外のいずれを問わず、児童の生活費を支弁させるために適切なあらゆる措置をとらなければならない。児童の養育に関し費用の責任を負う者が児童と異なる国に移住している場合には、締約国は、特に国際協力への加入又は国際協定の締結及びその他適切な取り決めの作成を促進しなければならない。

第28条
1　締約国は、児童が教育を受ける権利を有することを認め、漸進的に、かつ機会の平等の原則に基づいてこの権利を達成するために、特に、次のことを行わなければならない。
（a）初等教育は、義務的なものとし、すべての者に対して無償とすること
（b）中等教育にあっては、一般教育及び職業教育等にわたる種類を異にした制度の発達を奨励し、これをあらゆる児童に開放して利用させ、かつ、無償教育の導入及び必要な場合には財政援助の提供その他適切な措置を取ること
（c）高等教育は、すべての適当な方法により、能力に応じて、すべての者に開放されること
（d）教育及び職業に関する情報並びに指導は、すべての児童に開放し利用させること
（e）常時通学を奨励し、かつ、中途退学率を減少させるための措置を取ること
2　締約国は、学校の規律が、児童の人間としての尊厳に合致し、かつ本条約に適合した方法で運用されるようにするため、すべての適当な措置をとらなければならない。
3　締約国は、特に世界中から無知及び非識字を廃絶することに寄与し、かつ、科学技術の知識及び最新の教育方法の利用を容易にする目論見を持って、教育に関する事項についての国際協力を促進し、かつ、奨励しなければならない。この点に関し、発展途上国の必要には特別な考慮が払われなければならない。

第29条
1　締約国は、児童の教育が次のことを目的とすべきことに同意する。
（a）児童の人格、才能並びに精神的、身体的な能力を、それが本来可能性としてもつ範囲いっぱいまで発達させること
（b）人権及び基本的自由並びに国際連合憲章が掲げる諸原則に対する尊敬心を育成すること
（c）児童の親、児童自身の文化的同一性、言語及び諸価値、児童が現在居住している国及び自己の出身国が持つ国民的な諸価値並びに自己の文明と異なる文明等に対して、尊敬心を育成すること
（d）児童が、すべての国民、さまざまな人種的、国民的及び宗教的な集団、並びに先住民の人びとと一緒に、自由な社会の中で、相互理解、平和、寛容、両性の平和及び友好の精神を持って、責任ある生活を持つことができるよう教育すること
（e）自然環境を尊重する態度を育成すること
2　本条又は第28条のいかなる規定も、個人及び団体が、次に示す要件に従って教育機関を設置し管理する自由を妨げるものと解されてはならない。この場合の要件とは、本条1項に掲げた諸原則を常に遵守すること、及び、当該教育機関で行われる教育が、当該国で定めることのできる最低水準に合致したものでなければならないという条件に従うことをいう。

第30条

人種的、宗教的又は言語的少数者若しくは先住民族が存在する国においては、個の種の少数者に属する児童又は先住民族の児童は、自己の集団の人びとと生活を共同にしながら、自己に固有な文化を享有し、自己に固有な宗教を信じ、実施し、又は自己に固有な言語を用いる権利を奪われない。

第31条

1　締約国は、児童が、休息し、余暇を持つ権利、当該児童の年齢にふさわしい遊び及びレクリエーション活動をする権利、並びに文化的な生活及び芸術に自由に参加する権利を有することを認める。

2　締約国は、文化的及び芸術的生活に十分に参加する児童の権利を尊重し促進し、かつ、文化、芸術、レクリエーション及び余暇のための活動を行う適切で平等な機会を与えるよう奨励しなければならない。

第32条

1　締約国は、児童が、経済的に搾取されない権利、並びに危険をもたらし又は児童の教育の妨げになるおそれのある労働、児童の健康又は身体的、知能的、精神的、道徳的その他社会的な発達に有害な労働等に従事しない権利を有すること認める。

2　締約国は、本条の実施を確保するため、立法上、行政上、社会上及び教育上の措置をとらなければならない。この目的のために、かつ、他の国際文書の関連諸規定にも留意しながら、締約国は、特に次のことを行わなければならない。

（a）単一又は複数の最低就業年齢を定めること

（b）労働時間及び労働条件に関し、適切な規定を定めること

（c）本条を効果的に実施するために、適切な罰則その他の制裁を定めること

第33条

締約国は、児童を、関連国際条約によって指定された麻薬及び向精神薬の不正使用から保護し、これら薬物の不正製造及び不正取引のために児童が利用されることがないようにするため、立法上、行政上、社会上及び教育上の措置を含むあらゆる適切な措置をとらなければならない。

第34条

締約国は、どんな形態の性的搾取及び性的虐待をも受けないよう児童を保護することを約束する。これらの目的のために、締約国は、特に、次のことを防止するため、自国、二国間及び多国間において、あらゆる適切な措置をとらなければならない。

（a）違法な性的行為を行うように児童に勧誘し又は強制すること

（b）売春その他違法な性的業務によって児童を利用して搾取すること

（c）ポルノグラフィに当たる実演及びそのための道具として児童を利用して搾取すること

第35条

締約国は、いかなる目的のため、又はいかなる形態をとるものであれ、児童の誘拐、売買その他の取引を防止するため、自国、二国間及び多国間において、あらゆる適切な措置をとらなければならない。

第36条

締約国は、児童の福祉のいかなる側面についてであれ有害である、その他いっさいの形態の搾取からも児童を保護しなければならない。

第37条

締約国は、次のことを確保しなければならない。

(a)いかなる児童も、拷問その他残虐な、非人道的な又は品位を傷つける取扱いもしくは刑罰を受けないこと。罪を犯した者が十八歳未満である場合、このものに対して死刑又は釈放の可能性がない終身刑が課せられないこと

(b)いかなる児童も、違法に又は恣意的にその自由を奪われないこと。児童の逮捕、抑留又は拘禁は、法に従ってなされ、かつ、これらは最後の手段としてのみ許されるのであって、目的上最も短い期間に限って行われるべきこと

(c)自由を奪われた児童はすべて、愛情をもって取り扱われ、人間に固有な尊厳性を尊重し、かつ、その年齢の者の必要に適合した方法で取り扱われるべきこと。特に、自由を奪われた児童はすべて、成人した者たちと共同で生活することが当該児童にとって最善であると判断された場合を除き、成人した者たちと分離されるべきこと。ただし、この場合、例外な事情があるときを除き、当該児童は、通信及び訪問を通じて、自己の親又は家族員と接触を保つ権利を与えられなければならないこと

(d)自由を奪われた児童はすべて、法その他適切な方法による援助を速やかに求める権利を有し、裁判その他権限のある、独立公平な機関において、その自由の剥奪の適法性を争い、かつ、この訴えについて速やかに決定を受ける権利を有すべきこと

第38条

1　締約国は、武力紛争に当面する国に適用される国際人道法規の規定で、児童に関連するものを尊重し、又は、尊重するよう努めることを約束する。

2　締約国は、十五歳未満の者が敵対行為に直接参加しないようにするため、実行し得るあらゆる措置をとらなければならない。

3　締約国は、十五歳未満の者を軍隊に徴募してはならない。又、十五歳以上十八歳未満の者を徴募するに当たっては、最年長者から先に選抜するように努めなければならない。

4　武力紛争下の非戦闘員を保護するための国際人道法に基づく義務に従い、締約国は武力紛争の影響を受ける児童の保護及び養育を確保するためすべての実行し得るあらゆる措置をとらなければならない。

第39条

締約国は、いかなる形態の放置、搾取又は虐待、拷問その他の残虐な非人道的又は品位を傷つける取り扱い又は刑罰等から被害を受けた児童が身体的及び精神的に回復し、社会復帰出来るように促進するため、あらゆる適切な措置をとらなければならない。この場合なされる回復及び復帰は、児童の健康、自尊心及び人間としての尊厳を育て上げる環境において行われなければならない。

第40条

1　締約国は、刑事法に違反したと告発され、起訴され、又は有罪と認定された児童はすべて、人間の尊厳及び価値について当該児童が意識を促進するのに資する方法で取り扱われる権利を認める。この場合とられる方法は、児童が他人の人権及び基本的自由を尊重する態度を強化し、かつ、当該児童の年齢を考慮に入れるとともに、児童の社会復帰を促進し、児童が社会において建設的な役割を引き受けることか望ましいものであることを考慮にいれる。

2　前項の目的のため、又、国際文書の関連規定を考慮して、締約国は、特に、次のことを確保しなければならない。

(a)いかなる児童も、実行の時に国内法又は国際法により禁じられなかった作為又は不作為を理由として、刑事法に違反したと告発され、起訴され又は有罪と認定されないこと

(b)刑事法に違反したと告発され、又は起訴された児童はすべて、少なくとも次の保障を受けること

(i)法律に基づいて有罪とされるまでは無罪と推定されること

(ii)児童に刑事訴追がなされたときには、速やかにかつ直接、又、場合に応じては、その親又は法定保護者を通じて、被疑理由を告げられること、又、児童を弁護するための準備手続及び弁論を行うに当たって、弁護人その他の適当な援助を受けること

(iii)訴追された事件の決定は、遅滞なく、権限のある、独立公平な機関又は司法裁判所により、法に従ってなされる公正な聴問手続に、弁護人その他の適切な補佐人が出席して、かつ、特に当該児童の年齢その他の境遇を考慮に入れて、児童の最善の利益に反すると判断される場合を除いては、児童の親その他法定保護者の立ち会いの下に、行われるべきこと

(iv)供述又は有罪の自白を強要されないこと。自己に不利な証人を尋問し又はこれに対し尋問させること、又、平等な条件の下で、自己のための証人の出席及びこれに対する尋問を求めること

(v)刑事法に違反したと認定された場合には、その判定及びその結果科せられたいかなる処分も、法に従い、より上級の、権限のある独立公平な機関または司法裁判所によって審査されること

(vi)児童が使用される言語を理解すること又は話すことができない場合には、無償で通訳の援助を受けること

(vii)手続のすべての段階において児童のプライバシーが十分に尊重されること

3　締約国は、刑事法に違反したと告発され、起訴され又は有罪と認定された児童に特に適用される法律、手続きの制定、並びに関係する機関及び施設の設立を促進する

よう努めるものとし、特に次のことを行わなければならない。
（a）その年齢未満の児童は刑事法に違反する能力を有しないものとする最低年齢を設定すること
（b）適切でかつ望ましいと判断される場合には常に、罪を犯したと推定される児童であっても、人権と法的保障を十分に尊重して、刑事裁判以外の取扱いをすること
4　児童が、かれらの福祉に適合し、かつ、かれらの置かれている環境及び犯した罪の両方と権衡を保つ方法によって取り扱われることを確保するため、養育、指導及び監督命令、カウンセリング、保護観察、里親による養護、教育及び職業訓練計画、施設におけるケアに代わるその他の措置等の、多様な処置がとれるようになっていなければならない。

第41条
　この条約のいかなる部分も、以下に掲げる法の中に含まれていて、児童の権利の実現のためには、本条約よりも以上に役立つ規定がある場合には、これに対して影響を与えることはない。
（a）締約国の法律
（b）締約国について効力を有する国際法

〔第2部〕

第42条
　締約国は、適切かつ積極的な方法で、この条約の原則及び規定を、成人及び児童のいずれにも広く知らせることを約束する。

第43条
1　この条約で約束された義務の履行をなすに当たって、締約国が行った進捗の状況を審査するため、児童の権利に関する委員会を設置する。この委員会は、以下本部に定める任務を行う。
2　委員会は、徳望が高く、かつ、この条約が対象とする分野において適格であると認められる10名の専門家で構成する。委員会の委員は、締約国の国民の中から締約国により選出されるものとし、個人の資格で職務を遂行する。その選出に当たっては、地理的に衡平な配分及び主要な法体系を考慮に入れる。
3　委員会の委員は、締約国により指定された者の名簿の中から、秘密投票により選出される。各締約国は、自国民の中から一人を指名することができる。
4　委員会の委員の最初の選挙は、この条約の効力発生の日の後六箇月以内に行い、その後の選挙は二年ごとに行う。国際連合事務総長は、委員会の委員の選挙の日の遅くとも、四箇月前までに、締約国に対し、自国が指名する者の氏名を二箇月以内に提出するよう書簡で要請する。その後、同事務総長は、候補者を指名した国名を付して指名された者をアルファベット順に記載した名簿を作成し、この条約の締約国に送付する。

5　委員会の委員の選挙は、国際連合事務総長により国際連合本部に招集される締約国の会合において行う。これらの会合は、締約国の三分の二を持って定足数とする。これらの会合においては、出席しかつ投票する締約国の代表によって投じられた票の最多数で、かつ、過半数の票を得た者をもって委員会に選出された委員とする。
6　委員会の委員は、四年の任期で選出される。委員は、再指名された場合には、再選される資格を有する。最初の選挙において選出された委員のうち五人の委員の任期は、二年で終了するものとし、これらの五人の委員は、最初の選挙の後直ちに、締約国の会合の議長によりくじ引きで選ばれる。
7　委員会の委員が死亡し、辞任し、又はその他の理由のため委員会の職務を遂行することができなくなった旨を宣言した場合には、当該委員を指名した締約国は、委員会の承認を条件として、その者の残任期間の間職務を遂行する代わりの専門家を、自国民の中から任命する。
8　委員会は、手続規則を定める。
9　委員会は、役員を二年の任期で選出する。
10　委員会の会合は、原則として、国際連合本部又は委員会が決定する他の適当な場所において開催する。委員会は、原則として、毎年一回会合する。委員会の会合の期間は、国際連合総会の承認を条件として、この条約の締約国の会合において決定し、必要な場合には、再検討する。
11　国際連合事務総長は、委員会がこの条約に定める任務を効果的に遂行するために必要な職員及び便益を提供する。
12　この条約に基づいて設置する委員会の委員は、国際連合総会が決定する条件に従い、同総会の承認を得て、国際連合の財源から報酬を受ける。

第44条
1　締約国は、この条約において認められた児童の権利を実現するためにとった措置及びこれらの権利を享受するうえでみられた進歩に関する報告を、次に掲げる期限内に、国際連合事務総長を通じて、委員会に提出することを約束する。
(a) 当該締約国についてこの条約が効力を生ずるときから二年以内
(b) その後は五年ごと
2　本条の規定により行われる報告には、この条約に基づく義務の履行の程度に影響を及ぼす要因及び障害が存在する場合には、これらの要因及び障害を記載する。報告には、当該国が本条約を実施するためにいかに取り組んでいるかを委員会が全体として理解できる種類の十分な情報が含まれていることを要する。
3　委員会に最初の包括的な報告を提出した締約国は、本条1項(b)の規定に従って提出するその後の報告においては、すでに提出した基本的な方法を繰り返す必要はない。
4　委員会は、締約国から、本条約の実施に関連する追加の情報を請求することができる。
5　委員会は、経済社会理事会を通じて、その活動に関する報告を二年ごとに国際連合総会に提出しなければならない。

6　締約国は、その報告を自国において公衆が広く利用できるようにしなければならない。

第45条
　この条約の効果的な実施を促進し、かつ、この条約が対象とする分野での国際協力を奨励するために、
（a）専門機関、国際連合児童基金その他の国際連合の機関は、本条約の規定であって、同時にこれらの機関の権限の範囲に属することがらを実施しようとする場合には、代表を出す権利を有する。委員会は、適当と判断した場合には、専門機関、国際連合児童基金その他権限ある機関に対し、それぞれの機関の権限の範囲内にある事項であって、本条約の実施に関わる点につき、専門的な助言を提供するように、要請することができる。委員会は、専門機関、国際連合児童基金その他の国際連合諸機関に対し、これら機関の活動範囲に属する領域での本条約の実施について報告を提出するように要請することができる。
（b）委員会は、適当と判断した場合には、技術的な助言又は援助を求め、又はこれらを必要とすることが示されている締約国からの報告を、これらの点に関する委員会の所見及び提案がある場合は、これを添えて、専門機関、国際連合児童基金その他の権限のある機関に送付しなければならない。
（c）委員会は、事務総長に対して、児童の権利の特定関連事項について研究することを、委員会に代わって国際連合総会に要請するよう勧告できる。
（d）委員会は、前条及び本条に従って入手した情報に基づいて、提案及び一般的な性格を有する勧告を行うことができる。これらの提案及び一般的な性格を有する勧告は、締約国から意見がある場合にはその意見と共に、関係締約国に送付し、及び国際連合総会に報告しなければならない。

〔第3部〕

第46条
　この条約は、すべての国による署名のために開放しておく。

第47条
　この条約は、批准されなければならない。批准書は、国際連合事務総長に寄託する。

第48条
　この条約は、すべての国による加入のために開放しておく。加入書は、国際連合事務総長に寄託する。

第49条
1　この条約は、20番目の批准書又は加入書が国際連合事務総長に寄託された日の後30日目の日に効力を生ずる。

2　この条約は、20番目の批准書又は加入書が寄託された後に批准し又は加入する国については、その批准書又は加入書が寄託された後30日目の日に効力を生ずる。

第50条
1　いずれの締約国も、改正を提案し及び改正案を国際連合事務総長に提出することができる。同事務総長は、ただちに、締約国に対し、その改正案を送付するものとし、締約国による改正案の審議及び投票のための締約国会議の開催についての賛否を示すよう要請する。その送付の日から四箇月以内に締約国の三分の一以上が会議の開催に賛成する場合には、同事務総長は、国際連合の主催の下に会議を招集する。会議において出席しかつ投票する締約国の過半数によって採択された改正は、承認のため、国際連合総会に提出しなければならない。
2　本条1項の規定により採択された改正は、国際連合総会が承認し、かつ、締約国の三分の二以上の多数が受諾したときに、効力を生ずる。
3　改正は、効力を生じたときは、改正を受諾した締約国を拘束するものとし、他の締約国は、改正前のこの条約の規定（受諾した従前の改正を含む。）により引き続き拘束される。

第51条
1　国際連合事務総長は、批准又は加入の際に行われた留保の書面を受領し、かつ、すべての国に送付しなければならない。
2　この条約の趣旨及び目的と両立しない留保は、認められない。
3　留保は、国際連合事務総長にあてた通告により、いつでも撤回することができるものとし、同事務総長は、その撤回をすべての国に通報しなければならない。この様にして通報された通告は、同事務総長により受領された日に効力を生ずる。

第52条
締約国は、国際連合事務総長に対して書面による通告を行うことにより、この条約を廃棄することができる。廃棄は、同事務総長がその通告を受領した日の後一年で効力を生ずる。

第53条
国際連合事務総長は、この条約の寄託者として指名される。

第54条
アラビア語、中国語、英語、フランス語、ロシア語及びスペイン語をひとしく正文とするこの条約の原本は、国際連合事務総長に寄託する。

以上の証拠として、下名の全権委員は、各自の政府から正当に委任を受けてこの条約に署名した。

Constitution of the United Nations Educational, Scientific and Cultural Organization
(国際連合教育科学文化機関憲章 —部分—)

(1945年11月16日　国連採択)

The Governments of the States Parties to this Constitution on behalf of their peoples declare:

That shince wars begin in the minds of men, it is in the minds of men that the defences of peace must be constructed;

That ignorance of each other's ways and lives has been a common cause, throughout the history of mankind, of that suspicion and mistrust between the peoples of the world through which their differences have all too often broken into war;

That the great and terrible war which has now ended was a war made possible by the denial of the democratic principles of the dignity, equality and mutual respect of men, and by the propagation, in their place, through ignorance and prejudice, of the doctrine of the inequality of men and races;

That the wide diffusion of culture, and the education of humanity for justice and liberty and peace are indespensable to the dignity of man and constitute a sacred duty which all the nations must fulfil in spirit of mutual assistance and concern;

That a peace based exclusively upon the political and economic arrangements of governments would not be a peace which could secure the unanimous, lasting and sincere support of the peoples of the world, and that the peace must therefore be founded, if it is not to fail, upon the intellectual and moral solidarity of mankind.

For these reasons, the State Parties to this Constitution, believing in full and equal opportunities for education for all, in the unrestricted pursuit of objective truth, and in the free exchange of ideas and knowledge, are agreed and determined to develop and to increase the means of communication between their peoples and to employ these means for the purposes of mutual understanding and a truer and more perfect knowledge of each other's lives;

In consequence whereof they do hereby create the United Nations Educational, Scientific and Cultural Organization for the purpose of advancing, through the educational and scientific and cultural relations of the peoples of the world, the objectives of international peace and of the common welfare of mankind for which the United Nations Organization was established and

which its Charter proclaims.

ARTICLE I. PURPOSES AND FUNCTIONS

1 The purpose of the Organization is to contribute to peace and security by promoting collaboration among the nations through education, science and culture in order to further universal respect for justice, for the rule of law and for the human rights and fundamental freedoms which are affirmed for the peoples of the world, without distiction of race, sex, language or religion by the Charter of the United Nations.

2 To realize this purpose the Organization will:

(a) Collaborate in the work of advancing the mutual knowledge and understanding of peoples, through all means of mass communication and to that end recommend such international agreements as may be necessary to promote the free flow of ideas by word and image;

(b) Give fresh impulse to popular education and to the spread of culture; by collaborating with Members at their request, in the development of educational activities;
by instituting collaboration among the nations to advance the ideal of equality of educational opportunity without regard to race,sex or any distinctions, economic or social;
by suggesting educational methods best suited to prepare the children of the world for the responsibilities of freedom;

(c) Maintain, increase and diffuse knowledge;
by assuring the conservation and protection of the world's inheritance of books, works of art and monuments of history and science, and recommending to the nations concerned the necessary international conventions;
by encouraging co-operation among the nations in all branches of intellectual activity, including the international exchange of persons active in the fields of education, science and culture and the exchange of publication, objects of artistic and scientific interest and other materials of information ; by initiating methods of international co-operation calculated to give the people of all countries access to the printed and published materials produced by any of them.

3 With a view to preserving the independence, integrity and fruitful diversity of the cultures and educational systems of the States members of this Organization, the Organization is prohibited from intervening in matters which are essentially within their domestic jurisdiction.

ARTICLE II. MEMBERSHIP

1 Membership of the United Nations Organization shall carry with it the right to membership of the United Nations Educational, Scientific and Cultural Organization.

2 Subject to the conditions of the Agreement between this Organization and the United Nations Organization, approved pursuant to Article X of this Constitution, States not members of the United Nations Organization may be admitted to membership of the Organization, upon recommendation of the Executive Board, by a two-thirds majority vote of the General Conference.

3 Territories or groups of territories which are not responsible for the conduct of their international relations may be admitted as Associate Members by the General Conference by a two-thirds majority of Members present and voting, upon applications made on behalf of such territory or group of territories by the Member or other authority having responsibility for their international relations. The nature and extent of the rights and obligations of Associate Members shall be determined by the General Conference.

4 Members of the Organization which are suspended from the exercise of the rights and privileges of membership of the United Nations Organization shall, upon the request of the latter, be suspended from the rights and privileges of this Organization.

5 Members of the Organization which are expelled from the United Nations Organization shall automatically cease to be members of this Organization.

6 Any Member State or Associate Member of the Organization may withdraw from the Organization by notice addressed to the Director-General. Such notice shall take effect on 31 December of the year following that during which the notice was given. No such with drawal shall affect the financial obligations owed to the Organization on the date the withdrawal takes effect. Notice of withdrawal by an Associate Member shall be given on its behalf by the Member State or other authority having responsibility for its international relations.

(邦訳)

この憲章の当事国政府は、その国民に代つて次のとおり宣言する。
戦争は人の心の中で生まれるものであるから、人の心の中に平和のとりでを築かなければならない。

相互の風習と生活を知らないことは、人類の歴史を通じて世界の諸人民の間に疑惑と不信をおこした共通の原因であり、この疑惑と不信のために、諸人民の不一致があまりにもしばしば戦争となつた。

ここに終わりを告げた恐るべき大戦争は、人間の尊厳・平等・相互の尊重という民主主義の原理を否認し、これらの原理の代りに、無知と偏見を通じて人間と人種の不平等という教義をひめることによつて可能にされた戦争であつた。

文化の広い普及と正義・自由・平和のための人類の教育とは、人間の尊厳に欠くことのできないものであり、且つすべての国民が相互の援助及び相互の関心の精神をもつて果さなければならない神聖な義務である。

政府の政治的及び経済的取極のみに基く平和は、世界の諸人民の、一致した、しかも永続する誠実な支持を確保できる平和ではない。よつて平和は、失われないためには、人類の知的及び精神的連帯の上に築かなければならない。

これらの理由によって、この憲章の当事国は、すべての人に教育の充分で平等な機会が与えられ、客観的真理が拘束を受けずに探究され、且つ、思想と知識が自由に交換されるべきことを信じて、その国民の間における伝達の方法を発展させ及び増加させること並びに相互に理解し及び相互の生活を一層真実に一層完全に知るためにこの伝達の方法を用いることに一致し及び決意している。

その結果、当事国は、世界の諸人民の教育、科学及び文化上の関係を通じて、国際連合の設立の目的であり、且つその憲章が宣言している国際平和と人類の共通の福祉という目的を促進するために、ここに国際連合教育科学文化機関を創設する。

第1条　目的及び任務

1　この機関の目的は、国際連合憲章が世界の諸人民に対して人種、性、言語又は宗教の差別なく確認している正義、法の支配、人権及び基本的自由に対する普遍的な尊重を助長するために教育、科学及び文化を通じて諸国民の間の協力を促進することによつて、平和及び安全に貢献することである。

2　この目的を実現するために、この機関は、次のことを行う。

(a)大衆通報（マス・コミュニケーション）のあらゆる方法を通じて諸人民に相互に知り且つ理解することを促進する仕事に協力すること並びにこの目的で言語及び表象による思想の自由な交流を促進するために必要な国際協定を勧告すること。

(b)次のようにして一般の教育と文化の普及とに新しい刺激を与えること。　加盟国の要請によつて教育事業の発展のためにその国と協力すること。

人種、性又は経済的若しくは社会的な差別にかかわらない教育の機会均等の理想を進めるために、諸国民の間における協力の関係をつくること。

自由の責任に対して世界の児童を準備させるのに最も敵した教育方法を示唆すること。

(c)次のようにして知識を維持し、増進し、且つ、普及すること。

世界の遺産である図書、芸術作品並びに歴史及び科学の記念物の保存及び保護を確保し、且つ、関係諸国民に対して必要な国際条約を勧告すること。

教育、科学及び文化の分野で活動している人々の国際的交換並びに出版物、芸術的

及び科学的に意義のある物その他の参考資料の交換を含む知的活動のすべての部門における諸国民の間の協力を奨励すること。

いずれの国で作成された印刷物及び刊行物でもすべての国の人民が利用できるようにする国際協力の方法を発案すること。

3　この機関の加盟国の文化及び教育制度の独立、統一性及び実りの多い多様性を維持するために、この機関は、加盟国の国内管轄権に本質的に属する事項に干渉することを禁止される。

第2条　加盟国の地位

1　国際連合の加盟国の地位は、国際連合教育科学文化機関の加盟国となる権利を伴う。

2　この憲章の第10条によつて承認されるべきこの機関と国際連合との間の協定の条件に従うことを条件として、国際連合の加盟国でない国は、執行委員会の勧告に基き、総会の三分の二の多数の投票でこの機関の加盟国となることを認められることができる。

3　国際関係の処理について責任を負わない地域又は地域群は、その国際関係について責任を負う加盟国その他の当局が当該地域又は地域群に代つて行つた申請に基き、総会が、出席し且つ投票する加盟国の三分の二の多数によつて準加盟国として認めることができる。準加盟国の権利及び義務の性質及び範囲は、総会が決定する。

4　この機関の加盟国で国際連合の加盟国の権利及び特権の行使を停止されたものは、国際連合の要請に基き、この機関の加盟国の権利及び特権を停止される。

5　この機関の加盟国で国際連合から除名されたものは、自動的にこの機関の加盟国ではなくなる。

6　機関の加盟国又は準加盟国は、事務局長にあてた通告により機関から脱退することができる。この通告は、それが行われた年の翌年の12月31日に効力を生ずる。このような脱退は、それが効力を生じた日に機関に対して負つている財政上の義務に影響を及ぼすものではない。準加盟国の脱退の通告は、その準加盟国の国際関係についても責任を負う加盟国その他の当局がその準加盟国に代つて行う。

（第3条以下省略）

児童文化関係参考文献目録

1．辞典・事典

日本学校劇協会編『学校劇事典』小学館、昭28・10

長谷川誠一編『日本児童文学事典』河出書房、昭29・3

和久利栄一他編『世界児童文学事典』共同出版社、昭30・3

古谷綱武他編『現代児童文学辞典』宝文館、昭30・4

青木章心他編『視聴覚教育事典』明治図書、昭31・11

中島海編『遊戯大事典』不昧堂書店、昭32・2

鈴木棠三編『ことば遊び事典』東京堂、昭34・12

阪本一郎他編『読書指導事典』平凡社、昭37・8

滑川道夫編『現代児童文学事典』至文堂、昭38・3

山室静他編『玉川児童百科大辞典・文学』誠文堂新光社、昭42・5

斎藤良輔編『日本人形玩具辞典』東京堂、昭43・6

福田清人他編『児童文学辞典』東京堂、昭45・3

横地清編『幼児教育の百科』三省堂、昭46・4

松村康平他編『児童学辞典』光生館、昭47・3

日本児童文学学会編『児童文学辞典』東京書籍、昭63・4

子どもの本研究会編『子どもの本と読書の事典』、昭58・4

大阪国際児童文学館編『日本児童文学大事典全3巻』大日本図書、平5・10

日本児童文学者協会編『現代日本児童文学詩人名鑑』教育出版センター、平8・7

カーペンター他　神宮輝夫訳『オックスフォード世界児童文学百科』原書房、平11・2

2．児童文学史・児童史・遊戯史

酒井欣『日本遊戯史』建設社、昭8・6

『童話史』日本童話協会出版部、昭10・3

桜井庄太郎『日本生活史』刀江書院、昭16・6

木村小舟『少年文学史』（3巻）童話春秋社、昭17・7〜昭18・4

船木枳郎『現代児童文学史』新潮社、昭27・5

管忠道『日本の児童文学』大月書店、昭31・4

鳥越信『日本児童文学案内』理論社、昭38・8

神宮輝夫『世界児童文学案内』理論社、昭38・8

菅忠道『改訂増補日本の児童文学』大月書店、昭41・5

唐沢富太郎『明治百年の児童史』（2巻）講談社、昭43・9

ヒューマリン　野村泫訳『子どもの本の世界』福音館書店、昭44・5

岡田純也『近代日本児童文学史』大阪教育図書、昭45・4

瀬田貞二他『英米児童文学史』研究社、昭46・8

続橋達雄『児童文学の誕生』桜楓社、昭47・10

尾崎秀樹他『子どもの本の百年史』明治図書、昭48・3

上笙一郎『聞き書・日本児童出版美術史』太平出版、昭49・7

上笙一郎『日本児童史の開拓』小峰書店、平1・5

フレイザー　和久明生他訳『おもちゃの文化史』玉川大学出版部、平2・11

猿谷要他『世界の子どもの歴史』（全12巻）第一法規出版、昭59・11

3．児童文学・理論

岸部福雄『お伽噺の仕方の理論と実際』宝文館、明42・5

高木敏雄『修身教授童話の研究と其資料』宝文館、大2・5

芦谷重常『童話及び伝説に現れたる空想の研究』以文館、大3・7

巌谷小波『桃太郎主義の教育』東亜堂、大4・2

高木敏雄『童話の研究』婦人文庫刊行会、大5・1

水田光『お噺の研究』大日本図書、大5・6

二瓶一次『童話の研究』戸取書店、大5・12

奥野庄太郎『お噺の新研究』大日本文華南北社、大9・6
遠藤早泉『現今少年読物の研究と批判』開発社、藤田湛水編『お噺の研究』日曜学校研究社、大11・7
松村武雄『童話及児童の研究』培風館、大11・8
松村武雄他『童話童謡及音楽舞踊』児童保護研究会、大11・12
松村武雄『童謡及童話の研究』大阪毎日新聞、大12・5
松村武雄『児童教育と児童文芸』培風館、大12・5
可笑庵秋月『お伽噺講演の仕方』石塚松雲堂、大13・4
岸部福雄編『童話の実際とその批評』丙午出版社、大13・6
芦谷重常『世界童話研究』早稲田大学出版部、大13・11
有富郁夫『児童文学十講』東京出版、大13・11
芦谷重常『童話十講』早稲田大学出版部、大13・11
高木敏雄『日本神話伝説の研究』岡書院、大14・5
東京市社会局編『小学児童思想及読書傾向調査』東京市社会局、大15・3
田中千畝『日本童話の研究』交友社、大15・6
松村武雄他『児童文学』文化生活研究会、昭2・12
久留島武彦『童話術講話』日本童話協会出版部、昭3・10
松村武雄『童話教育新論』培風館、昭4・10
槙本楠郎『プロレタリア児童文学の諸問題』世界社、昭5・4
巌谷小波『童話の聞かせ方』賢文館、昭6・3
芦谷重常『童話学』文化書房、昭和6・9
芦谷重常『宗教童話の研究』文化書房、昭6・10
内山憲尚『新童話術講話』文化書房、昭7・1
尾関岩二『童心芸術概論』文化書房、昭7・6
日本童話協会編『綜合童話大講座』(12巻)日本童話協会、昭7・11～昭8・10
野上弥生子『童話文学』岩波書店、昭8・11
千葉春雄『児童読物の系統的研究』厚生閣、昭9・12
内山憲尚『幼児童話の話方とその実例』東洋図書、昭10・6
芦谷重常『童話学十二講』言海書房、昭10・7
安倍季雄『お話のコツ』白鳥社、昭11・4
槙本楠郎『新児童文学理論』東苑書房、昭11・7
沖野岩三郎『童話の創作と実演』訓導生活社、昭12・12
坪田譲治『児童文学論』日月書院、昭13・9
宮下正美『児童読物の選び方』慶応出版、昭14・11
内山憲尚『仏教童話とその活用』興閣書院、昭16・1
伊藤正雄『子ども心の探求』訓正社、昭16・10
小川未明『新しき児童文学の道』フタバ書院、昭17・2
二反長半『少国民文学論』昭森社、昭17・4
古谷綱武『児童文学の理想』帝国教育会出版部、昭17・6
与田準一『子供への構想』帝国教育会出版部、昭17・7
滑川道夫『少国民文学試論』帝国教育会出版部、昭17・9
巌谷小波『桃太郎主義の教育新論』文林堂双魚房、昭18・7
野村吉哉『童話文学の諸問題』平路社、昭18・12
島津久基『日本国民童話十二講』日本書院、昭和19・5
坪田譲治『改訂児童文学論』西部図書、昭22・3
三輪和敏『童話教育論』河出書房、昭22・6
石森延男『子供の生活と童話』振鈴社、昭22・7
古谷綱武『児童文学の手帖』育生社、昭23・10
尾関岩二『児童文学の理論と実際』関書院、昭24・1
波多野完治『児童心理と児童文学』金子書房、昭25・11
坪田譲治『児童文学入門』朝日新聞、昭29・1
ゴーリキー　東郷正延訳『児童文学と教育』新評論社、昭29・1
児童文学者協会編『児童文学入門講座』児童文学者協会、昭28・9～昭29・4
関英雄『児童文学論』新評論社、昭30・8
久保田浩他編『子供と本』誠文堂新光社、

昭30・10
マカレンコ　北村順治他訳『児童文学と児童読物』新評論社、昭30・12
日本児童文芸家協会編『児童文学の展望』角川書店、昭31・9
日本児童文芸家協会編『児童文学の書き方』角川書店、昭32・4
坪田譲治他編『児童読物に関する　100の質問』中央公論社、昭32・7
児童文学社協会編『児童文学入門』牧書店、昭32・9
アザール　矢崎源九郎他訳『本・子ども・大人』紀伊国屋書店、昭32・10
内山憲尚『童話学入門』東京文化研究所出版部、昭33・3
高山毅『危機の児童文学』みかも書房、昭33・3
高山毅『児童文学の世界』みかも書房、昭33・7
木村徳太郎『児童文学の周囲』日本社、昭33・11
石森延男『たのしいお話のはなし方と作り方』アジア出版、昭34・2
吉田足日『現代児童文学論』くろしお出版、昭34・9
石井桃子他『子どもと文学』中央公論社、昭35・4
弥吉菅一『児童文学』関書院、昭36・3
鳥越信『児童文学入門』国土社、昭37・12
福田清人他編『児童文学概論』牧書店、昭38・1
スミス　石井桃子他訳『児童文学論』岩波書店、昭39・5
鳥越信『児童文学への招待』くろしお出版、昭39・5
古田足日『児童文学の思想』牧書店、昭40・1
日本児童文学学会編『赤い鳥研究』小峰書店、昭40・4
石井桃子『子どもの図書館』岩波書店、昭40・5
坪田譲治編『児童文学入門』牧書店、昭40・5
上笙一郎他『児童文学への招待』南北社、昭40・7
松尾弥太郎『本を読む子・読まない子』全国学校図書館協議会、昭40・2
山本和夫『児童文学へのアプローチ』理論社、昭41・5
福田清人『児童文学のすすめ』愛育出版、昭41・5
日本児童文芸家協会編『児童文学ハンドブック(一)』日本児童文芸家協会、昭41・6
坪田譲治『新修児童文学論』共文社、昭42・1
上野瞭『戦後児童文学論』理論社、昭42・2
日本児童文芸家協会編『児童文学ハンドブック(二)』日本児童文芸家協会、昭42・5
波多野完治他『世界の児童文学』国土社、昭42・11
石森延男『創作童話作法』あすなろ書房、昭43・8
関英雄『新編児童文学論』新評論社、昭43・7
今江祥智『大人の時間子どもの時間』理論社、昭45・2
横谷輝『児童文学の思想と方法』啓隆閣、昭46・6
山室静『昔話とメルヘン』光明社、昭46・1
鳥越信『日本児童文学史研究』風濤社、昭46・1
相沢博『メルヘンの世界』講談社、昭43・12
古田足日『児童文学の旗』理論社、昭44・6
福田清人『童話の作り方』明治書院、昭46・3
日本児童文学学会編『日本の童話作家』ほるぷ出版、昭46・4
日本児童文学学会編『世界の童話作家』ほるぷ出版、昭47・4
上野瞭『現代の児童文学』中央公論社、昭47・6
相沢博『メルヘンの面白さ』中央大出版部、昭48・2
上笙一郎『児童文学概論』東京堂、昭45・1
原昌他『児童文学概論』建帛社、昭45
渋谷清視『子どものための文学の本』金の星社、昭48・2
鳥越信『子どもの本の選び方与え方』三省堂、昭48・10
原昌『児童文学の笑い』牧書店、昭49・5
西田良子『児童文学研究』牧書店、昭49・5
鳥越信他編『講座日本の児童文学』(8巻・別巻2) 明治書院、昭48・9～
横谷輝『横谷輝児童文学論集』偕成社、昭49・8
続橋達雄『童話の味わい方』明治書院、

昭49・9
岡田純也『児童文学と読者』大阪教育図書、昭49・12
上野瞭『ネバーランドの発想』すばる書房盛光社、昭49・1
国際児童図書評議会編『なぜ書くか、なぜ読むか』国際児童図書評議会、昭62・2
日本児童文学学会『グリム童話研究』大日本図書、平1・10
松尾敏明他『ちびくろサンボとピノキオ』青木書店、平2・12
長崎源之助『私の児童文学周辺』偕成社、昭62・7
河合隼雄『子どもの本を読む』楡書房、平2・6
河合隼雄『ファンタジーを読む』楡書房、平3・8
福沢周亮編『子どもの本の心理学』大日本図書、平3・11
廉岡糸子『シンデレラの子どもたち』阿吽社、平6・7
河合隼雄他『子どもと大人』岩波書店、平6・8
B・アトベリー　谷本誠剛他訳『ファンタジー文学入門』大修館書店、平11・3

4．童謡、詩・理論

福田正夫他『童謡・民謡・詩のつくり方』大同館、大10・11
野口雨情『童話作法問答』交蘭社、大10・12
小林花眠『教育上より観たる童謡の新研究』博進社、大11・6
後藤牧雄『童謡の作り方』大阪児童文化協会、大11・6
千葉春雄他『童謡と子供の世界』目黒書店、大11・7
水谷まさる『少女詩の作り方』交蘭社、大11・9
黒田正『童謡教育の実際』米本書店、大11・12
葛原滋『童謡の作り方』培風館、大11・12
田辺尚雄他『童話童謡及音楽舞踊』児童保護研究会、大11・12
野口雨情『童謡十講』金の星社、大12・3
楠本大童『童謡らしい童謡』家庭教育社、大12・3
遠藤喜美治『童謡の作り方と味ひ方』山海堂、大12・3
野口雨情『童謡と児童の研究』イデア書院、大12・10
久保田宵二『現代童謡論』都村有為堂、大12・11
千葉春雄『童謡と綴方』厚生閣書店、大13・1
野口雨情『童謡作法講話』米本書店、大13・3
西条八十『現代童謡講話』新潮社、大13・7
白鳥省吾『童謡の作り方』金星堂、大14・4
野口雨情『童謡と童心芸術』同文館、大14・7
西条八十『童謡の作り方と味ひ方』文化生活研究会、昭2・4
大関五郎『現代童謡辞典』紅玉堂書店、昭3・3
高野辰之『民謡・童謡論』春秋社、昭4・3
北原白秋『緑の触覚』改造社、昭4・3
横山青娥『日本童話十講』交蘭社、昭4・10
槙本楠郎『プロレタリア童謡講話』紅玉堂書店、昭5・6
百田宗治『児童をうたへる詩歌』厚生閣書店、昭6・12
北原白秋『新興童謡と児童自由詩』岩波書店、昭7・7
北原白秋『童揺論抄』玉川学園出版部、昭8・6
葛原滋『童揺教育の理論と実際』隆文館、昭8・6
西川林之助『童謡の作り方』成光館、昭9・4
与田準一『童揺覚書』天佑書房、昭18・1
内藤午郎『童謡新辞典』大京堂書店、昭32・3
サトウハチロー『童謡のつくり方』宝文館、昭29・9
上笙一郎『童謡のふるさと』（2巻）理論社、昭37・7
園部三郎他『日本の子どもの歌』岩波書店、昭37・11
藤田圭雄『童謡歳時記』牧書店、昭40・12
藤田圭雄『日本童謡史』牧書店、昭46・10
平野敬一『マザーグースの唄』中央公論社、昭47・1
まどみちお『まどみちお全集』理論社、平5・3
岡田純也『心の故郷子どもの歌』KTC中央出版、平5・10
中田喜直『音楽と人生』音楽之友社、平6・3
彌吉菅一他『少年詩の歩み』教育出版センター、平6・9

読売新聞文化部編『唱歌童謡ものがたり』岩波書店、平11・8

5．絵本

山下俊郎他『「児童絵本を良くする座談会」連記録』日本児童絵本出版協会、昭15・4
小山内龍他『絵本・婦人・子供雑誌作家出版業者座談会』日本児童絵本出版協会、昭16・2
牛島義友他『絵本の研究』協同出版、昭18・4
瀬田貞二他『絵本と子ども』福音館書店、昭41・5
鳥越信他『三歳から六歳までの絵本と童話』誠文堂新光社、昭42・2
西郷竹彦『お話と絵本の相談室』明治図書、昭43・9
西郷竹彦『絵本の与え方』明治図書、昭43・4
日本児童文学者協会編『絵本』（「日本児童文学」増刊号）昭46・12
松居直『絵本とは何か』日本エディタースクール出版部、昭48・12
佐々木宏子『絵本と想像性』高文堂、昭50・1
芸術教育研究所編『手づくり絵本を作ろう』芸術教育研究所、昭50・7
若山憲『絵本の見かた創くり方』すばる書房、昭51・8
奈良女子大付属幼稚園『絵本との出会い』ひかりのくに、昭51・11
本多慶子『おかあさんとこどもの手づくり絵本』東京こども教育センター、昭52・4
西郷竹彦『絵本の指導』黎明書房、昭54・5
松居直『わたしの絵本論』国土社、昭56・1
今江祥智他編『絵本のバイエル』理論社、昭56・12
吉田新一『絵本の魅力』日本エディタースクール出版部、昭59・3
バドラー　百々佑利子訳『クリュラの奇跡』のら書店、昭59・5
ロバーツ　大出健訳『絵本の書き方』講談社、昭59・10
瀬田貞二『絵本論』福音館書店、昭60・11
武市八十雄『えほん万華鏡』岩崎書店、昭61・4
中川素子『絵本はアート』教育出版センター、平3・8
センダック　脇明子他訳『センダックの絵本論』岩波書店、平2・5
五味太郎『絵本をよんでみる』リブロポート昭63・7
三宅興子編『日本における子ども絵本成立史』ミネルヴァ書房、平9・3

6．児童文化（口演童話・児童劇・人形劇・マンガ・マスコミ他）

エレン・ケイ　原田実訳『児童の世紀』大同館書店、大5・6
坪内逍遥『芸術と家庭と社会』実業之日本社、大12・1
坪内逍遥『児童教育と演劇』早稲田大学出版部、大12・4
小原国芳『学校劇論』イデア書院、大12・4
片岡魯月『児童劇の教育的研究』明治図書出版、大12・5
島村民蔵『子供の生活と芸術』高陽社、大13・3
芸術教育会編『学校劇の研究』集成社、大13・5
河崎松一『学校児童劇の理論及実際』大阪駸々堂、大14・1
長尾豊『宗教教育と児童劇』仏教芸術社、大14・8
増田抱村『児童文化史十二講』厚生閣書店、大14・8
沖野岩三郎『日本の児童と芸術教育』金の星社、大14・1
小寺融吉『児童劇の創作と演出』弘文社、昭3・3
久留島武彦『童話術講話』日本童話協会出版部、昭3・10
北村大栄『童話絵話の理論と実例』代々木書院、昭3・11
春山作樹『劇とお話教育問題』教育研究会、昭6・9
三浦藤作『児童劇と児童映画』文化書房、昭7・1
緇川涀城『児童教化法』新布教大系刊行会、昭7・3
北尾春道『影絵の研究』素人社書屋、昭7・7
野村政夫『児童劇の作り方と指導法』文化書房、昭7・4
日本両親再教育協会編『子供の情操教育論』先進社、昭7・5
長尾豊『学校劇指導の実際』文化書房、昭7・11

久能龍太郎『紙芝居の作り方』春陽堂書店、昭8・2
内山憲尚『仏教教化事業の実際』仏教年鑑社、昭11・11
内山憲尚『指遣人形劇の製作と演出』家の教育社、昭12・3
野村政夫『学校劇研究』山雅書房、昭14・10
教育科学研究会編『児童文化』（上・下）西村書店、昭16・7
北村大栄『童話絵話作法・話し方』香風閣書房、昭16・6
国語教育学会編『児童文化論』岩波書店、昭16・4
松永健哉『少国民文化の諸問題』日本青年館、昭16・6
相賀寿次『児童生活研究』小学館、昭16・9
関計夫『少国民の心理と文化』巌松堂書店、昭17・8
佐伯郁郎『少国民文化をめぐって』日本出版社、昭18・11
日本少国民文化協会編『少国民文化論』国民図書刊行会、昭20・2
宮津博『学校と演劇』健文社、昭22・12
宮津博『劇のすきな子どもたちへ』青雲書院、昭23・5
松葉重庸『人形劇入門』社会書房、昭23・8
上沢謙二『幼児のお話教育』巌松堂書店、昭23・10
石川謙『我が国における児童観の発達』青雲書院、昭24・1
東京文理大児童研究会『児童文化』金子書房、昭24・11
今村太平『漫画映画論』真善美社、昭24・5
東京第一師範教育研究所編『児童文化技術研究』（2巻）雁書房、昭24・5・6
くぼた・ひろし『学校劇・脚本と演じ方』育英出版、昭24・11
冨田博之『学校劇の建設』日本教育出版社、昭24・12
松葉重庸『児童文化概論』巌松堂書店、昭25・4
内山繁太郎『学校劇の理論と実際』明治図書、昭25・4
水品春樹『学校劇』河出書房、昭25・5
田郷虎雄『学校劇のあり方』童話春秋社、昭和25・10
木村徳太郎『児童文化・文学・保護』梅田出版、昭24・9
松葉重庸『人形劇の導き方』西荻書店、昭26・6
菅忠道他編『現代児童文化講座』（2巻）双竜社、昭26・7
羽仁説子他『芸術教育』新評論社、昭28・3
村田亨『紙芝居の製作と実演』明治図書、昭28・9
羽仁説子他『児童文化論（児童問題講座5）』新評論社、昭28・9
松葉重庸『幼児の人形芝居』牧書店、昭31・1
波多野完治編『児童文化』国土社、昭31・8
角田一郎『人形劇の成立に関する研究』旭屋書店、昭38・8
教育紙芝居研究会『教育紙芝居』新評論社、昭31・8
青木章心編『視聴覚教育辞典』明治図書、昭31・11
冨田博之『演劇教育』国土社、昭33・5
西本三十二『テレビ教育論』日本放送協会、昭35・7
石田光他『マスコミは子どもを変える』大阪教育図書、昭35・9
キンブルグ　川岸貞一訳『動物映画論』理論社、昭35・9
滑川道夫編『マンガと子ども』牧書店、昭36・1
坪田譲治編『親と教師のための児童文化講座』（5巻）弘文堂、昭36・4～9
甲斐清通他『マンガ・チャイルド』医薬出版、昭37・6
川尻泰司『わたしたちの人形劇』国土社、昭38・9
佐藤忠男『少年の理想主義』明治図書、昭35・9
日本放送作家協会編『放送児童文化論』黎明書房、昭39・8
ひとみ座編『人形劇教室』新興出版、昭39・11
波多野完治『テレビ教育の心理学』日本放送出版協会、昭38・9
多田道太郎他『マンガの主人公』至誠堂、昭40・7
佐藤忠男『映画と子ども』東洋書館、昭40・12
永井鱗太郎『学校劇図説』岩崎書店、昭41・8
志摩宏『保育者の人形劇』白眉学芸社、昭40・7

森卓也『アニメーション入門』美術出版、昭41・9
藤川治水『子ども漫画論』三一書房、昭42・2
森昌二『人形劇のバイエル』国土社、昭42・6
藤田復生編『児童の文化』福村出版、昭42・8
松葉重庸『人形芝居の生かし方』白眉学芸社、昭42・12
須山計一『日本漫画100年』芳賀書店、昭43・8
高木教典他編『現代のマス・コミュニケーション』青木書店、昭45・9
加太こうじ『紙芝居昭和史』立風書房、昭46・7
菅忠道『児童文化の現代史』大月書店、昭43・9
川尻泰二『人形劇ノート』紀伊国屋書店、昭43・8
松葉重庸『児童文化』白眉学芸社、昭43・3
コルウエル　石井桃子訳『子どもと本の世界に生きて』福音館書店、昭43・5
羽仁進『子どもとマスコミ』評論社、昭44・1
加太こうじ『街の芸術論』社会思想社、昭44・6
石子順造他『現代漫画論集』青林堂、昭44・11
チュコフスキー　樹下太郎訳『２歳から５歳まで』理論社、昭45・6
本田和子『児童文化』光生館、昭48・5
伊東挙位『紙芝居のやり方のコツ』白眉学芸社、昭48・6
滑川道夫他編『近代日本の児童文化』新評論社、昭47・4
石子順造他『劇画の思想』太平出版、昭48・10
ソーヤー　池田綾子他訳『ストーリーテリングへの道』日本図書館協会、昭48・9
巡静一也『影絵遊び・影絵劇』黎明書房、昭48・10
マッコルビン　倉沢政雄他訳『児童のための図書館奉仕』日本図書館協会、昭48・10
副田義也『マンガ文化』、昭58・11
山口俊郎他『子どもの生活世界のはじまり』ミネルヴァ書房、昭59・6
仙田満『こどものあそび環境』筑摩書房、昭59・9
小林剛『子どもの発達と文化』椋の本社、昭60・3
NNS調査委員会編『子どもの生態系が変わった』日本テレビ放送網、昭60・4
子どもの文化研究所『紙芝居100の世界』椋の本社、昭60・7
西久保礼造他『絵本童話、紙しばいの指導、ごっこの指導』ぎょうせい、昭60・12
呉智英『現代マンガの全体像』昭61・4
須藤敏明他『いちばんはじめの教育』ミネルヴァ書房、昭61・5
永田桂子『絵本観・玩具観の変遷』高文堂出版社、昭62・3
斎藤良輔他『児童文化の研究』川島書店、昭62・5
鶴見俊輔他『昭和マンガのヒーローたち』講談社、昭62・1
アンヘリング『江戸児童図書へのいざない』くもん出版、昭63・8
バドラー　百々佑利子訳『５歳から８歳まで』のら書店、昭63・11
竹田オサム『マンガと児童文学の〈あいだ〉』大日本図書、平1・11
石子順『手塚治虫のとっておきの話』新日本出版、平2・2
日本演劇教育連盟『新演劇入門』晩成書房、平2・4
絶版を考える編集部『ちびくろサンボ』径書房、平2・8
伊藤寿朗『ひらけ博物館』岩波書店、平3・3
スターツ出版編『世界のテーマパーク』スターツ出版、平4・1
小島明他『子どもの中のテレビ』国土社、昭58・4
宮崎駿他『アニメの世界』新潮社、昭63・3
太田堯『子どもの権利条約を読む』岩波書店、平2・5
石子順『漫画詩人・手塚治虫』新日本出版、平3・2
A・ショルシュ　北本正章訳『絵で読む子どもの社会史』新曜社、平4・3
手塚治虫『ぼくのマンガ人生』岩波書店、平9・5
木谷光江『ブラックジャックの眼差し』KTC中央出版、平10・4

７．文学教育

片上伸『文芸教育論』文教書院、大11・9
丸山林平『国語教育と児童文学』南光社、

大14・6

田淵巌『修身教材芸術的教訓と児童文学の研究』中央館書房、昭2・3

白鳥省吾『国語読本詩の味ひ方』東京出版、大13・9

丸山林平『国語教育と児童文学』南光社、大14・6

百田宗治『児童自由詩の鑑賞』厚生閣書店、昭2・10

倉沢栄吉他『物語の研究と指導』金子書房、昭24・6

吉松祐一『学校に於ける童話の活用』文化書房、昭6・1

中村新太郎『教育文学論』モナス、昭15・11

上沢謙二『幼児のお話教育』巌松堂書店、昭23・10

高橋さやか『保育のための文学』フレーベル館、昭25・10

西原慶一『日本児童文章史』東海出版社、昭27・12

日本作文の会編『生活綴方の伝統』百合出版、昭28・2

上沢謙二『保育のための童話学』厚生閣、昭29・12

内山憲尚『幼児の言語教育と童話教育』日本童話協会出版部、昭29・9

高橋さやか『保育のための文学』博文社、昭30・5

久米井束『読書のよろこび』河出書房、昭30・10

亀井勝一郎他編『児童読物と読書指導』牧書店、昭30・12

長谷川乙一『昔の作文・今の作文』松沢書店、昭32・10

国分一太郎『生活綴方ノート』（2巻）評論社、昭30・5

久保田造他『子供と本』誠文堂新光社、昭30・10

熊谷孝編『国語教育』大月書店、昭31・1

鴻巣良雄『文学教育の発見』一粒社、昭31・3

阪本一郎他編『小学生の文学教育』春秋社、昭31・6

はくぼくの会編『文学教育の探求』三一書房、昭31・8

国分一太郎『文学と教育・文学の教師』未来社、昭32・1

与田準一他編『文学教育基礎講座』（3巻）明治図書、昭32・10

日本読書学会編『読書による人格形成』牧書店、昭33・5

鈴木喜代春『新しい読書指導』新評論社、昭33・9

西尾実他『文学による人間形成』明治図書、昭33・10

国分一太郎他『新しい児童像と教育』誠信書房、昭33・10

日本作文の会編『生活綴方辞典』明治図書、昭33・9

国分一太郎『国語教育の本質』明治図書、昭33・10

石井桃子『子供の読書の導き方』国土社、昭35・6

文学教育の会編『講座文学教育』（3巻）牧書店、昭34・7

椋鳩十『母と子の二十分間読書運動』あすなろ書房、昭36・10

東京都教育委員会編『子どもの読書の手びき』東京都教育委員会、昭37・3

日本文学教育連盟『国語教科書物語教材の研究と扱い方』みかも書房、昭37・8

日本文学教育連盟『戦後文学教育研究史』（2巻）未来社、昭37・12

西郷竹彦『文学教育入門』明治図書、昭40・4

鳥越信『児童文学と文学教育』牧書店、昭40・1

滑川道夫『児童文学と読書指導』牧書店、昭40・1

弥吉菅一『日本児童詩の歴史的展望』少年写真新聞社、昭40・5

久米井束他編『主体を創造する文学教育』日本教図、昭41・6

久米井束他編『文学の授業・その原理と方法』日本教図、昭41・11

山本和夫『子どものつくる詩』千代田書房、昭44・9

日本文学教育連盟『講座日本の文学教育』（5巻）新光閣、昭41・11

横須賀薫編『児童観の展開』国土社、昭44・5

マカレンコ　松谷さやか他訳『子どもの教育・子どもの文学』新読書社、昭48・8

松岡享子『お話を語る』日本エディタースクール、平6・7

岡本夏木他『幼児教育を学ぶ人のために』世界

思想社、平6・8

８．ブックリスト

宮下正美『児童読物の選び方』慶応出版社、昭14・11
小さい仲間の会編『子どもの本棚』三一書房、昭31・4
小さい仲間の会編『続子どもの本棚』三一書房、昭31・10
学校図書館協議会必読図書委員会編『何をどう読ませるか』（４巻）学校図書館協議会、昭35・11
東京都学校図書館協議会編『中学生の本棚』明治図書、昭35・11
阪本一郎編『読書指導事典・作品編』平凡社、昭37・8
筒井敬介他『子どもに読ませたい50の本』三一書房、昭38・9
無着成恭『子どもの本二二〇選』福音館書店、昭39・6
阪本一郎他編『読書による性格形成』（2巻）牧書店、昭41・12
矢崎源九郎他編『子どもに読ませたい本』社会思想社、昭41・12
鳥越信他『三歳から六歳までの絵本と童話』誠文堂新光社、昭42・2
羽仁説子他『子どもになにを読ませたらよいか』評論社、昭42・6
日本図書館協会編『子どもの本・えほん』日本図書館協会、平2・10

９．作家論・自伝・回想記・随筆他

巌谷小波『小波身上噺』宝学館書店、大2・2
巌谷小波『駒のいななき』玄文堂、大5・6
巌谷小波『新家庭女子供の巻』大倉書店、昭5・10
巌谷小波『我が五十年』東亜堂、大9・5
西条八十『詩作の傍より』新潮社、大14・1
芦谷芦村『永遠の子どもアンダアゼン』コスモス書院、大14・9
小川未明『未明感想小品集』創生堂、大15・6
巌谷小波『私の今昔物語』早稲田大学出版部、昭3・11
芦谷芦村『童心の小窓』京文社、昭4・10
木村小舟編『小波先生』木村小舟、昭5・10
小川未明『常に自然は語る』日本童話協会出版部、昭5・12
小川未明『童話雑感及小品』文化書房、昭7・7
巌谷栄二編『小波遺影』巌谷家、昭8・10
小川未明『童話と随筆』日本童話協会出版部、昭9・9
芦谷芦村『童心は微笑む』日本童話協会出版部、昭9・10
松原至大『子と遊ぶ』健文社、昭10・4
芦谷芦村『大童話家の生涯』教文館、昭10・11
秋田雨雀『五十年生活年譜』ナウカ書房、昭11・4
坪田譲治『班馬鳴く』主張社、昭11・10
西尾豊作『下田歌子伝』咬菜塾、昭和11・12
大畑末吉訳『アンデルセン自伝』、昭12・3
百田宗治『綴方の世界』新潮社、昭14・2
生田葵『お話の久留島先生』相模書房、昭14・12
百田宗治『子供の世界』有光社、昭16・6
山村暮鳥『暮鳥随想』春陽堂書店、昭16・8
村岡花子『母心抄』西村書店、昭17・10
佐々木邦『豊文居雅筆』春陽堂書店、昭16・8
佐々木信綱『わが文わが歌』六興出版、昭22・5
百田宗治『子供の世界と大人の世界』小峰書店、昭22・12
百田宗治『子供の世界」小峰書店、昭23・5
坂本浩『有島武郎』成城国文学会、昭24・1
馬場正男『鈴木三重吉』成城国文学会、昭24・11
クララ・クレメンス　大久保忠利訳『わが父マーク・トウィン』太平洋出版、昭25・4
和田利男『宮沢賢治の童話文学』西荻書店、昭25・9
横山隆一『でんすけ随筆』四季社、昭26・7
秋田雨雀『雨雀自伝』新評論社、昭28・9
船木枳郎『小川未明童話研究』宝文館、昭29・2
浜田政二郎『マーク・トウェーン』研究社、昭30・11
高杉一郎『盲目の詩人エロシエンコ』新潮社、昭31・1
中村稔『宮沢賢治』五月書房、昭33・3
ケストナー　高橋健二訳『わたしが子どもだったころ』みすず書房、昭33・12
池田蘭子『女紋』河出書房新社、昭35・1
加太こうじ『街の自叙伝』中央公論社、昭35・2

桑原三郎『鈴木三重吉の童話』桑原三郎、昭35・2
久留島秀三郎編『久留島武彦偲ぶ草』久留島秀三郎、昭35・11
佐野美津男『浮浪児の栄光』三一書房、昭36・10
巽聖歌『新美南吉の手紙とその生涯』英宝社、昭37・4
山中峯太郎『実録・亜細亜の曙』文芸春秋新社、昭37・10
小原国芳『夢見る人』玉川大学出版局、昭38・4
片山哲『わが心の愛読書』エリート社、昭39・1
小田獄夫『童話のおじさん』理論社、昭39・5
永杉喜輔『下村湖人』講談社、昭39・8
大木雄二『童話を書いて四十年』自然社、昭39・11
塚原亮一編『こぶしの花』塚原亮一、昭41・1
堀尾青史『年譜宮沢賢治伝』図書新聞社、昭41・3
上笙一郎『未明童話の本質』勁草書房、昭41・8
福田清人・岡田純也『宮沢賢治人と作品』清水書院、昭41・10
蕗谷虹二『花嫁人形』講談社、昭42・9
平林広人『アンデルセン研究』東海大学出版会、昭42・12
横山隆一『フクちゃん随筆』講談社、昭42・11
秋山清『竹久夢二』紀伊国屋書店、昭43・8
加藤謙一『少年倶楽部時代』講談社、昭43・9
岡上鈴江『父小川未明』新評論社、昭45・5
佐藤通雅『新美南吉童話論』牧書店、昭45・11
根本正義『鈴木三重吉と赤い鳥』鳩の森書房、昭48・1
浜野卓也『新美南吉の世界』新評論社、昭48・6
横川寿美子『初潮という切札』JICC出版、平3・3
東宏治『ムーミンパパの手帖』鳥影社、平4・3
近藤二郎『ゴルチャック先生』朝日新聞社、平7・7

10. 遊び・おもちゃ・子ども会他

高橋太華他『学校家庭遊戯全書』少年園社、明22・4
志岐守二『室内遊戯法』博文館、明33・8
高橋忠次郎『家庭遊戯法』博文館、明42・8
白井規矩郎『内外遊戯二百番』博文館、明41・12
有坂与太郎『日本玩具史』(2巻) 建設社、昭6・9、昭7・1
倉橋惣三他『玩具叢書』(8巻) 雄山閣出版、昭9・3～昭11・3
大河内泰『遊戯の系統的研究』都村有為堂、大14・7
井上藤蔵『楽しいゲームの遊び方』文化生活研究会、大13・12
倉橋惣三『遊戯の価値とその指導』文部省、昭12・3
牛島義友『愛育の玩具』協同公社出版部、昭18・2
前田勇『児戯叢考』弘文社、昭19・5
沢野井信夫『絵あそび』創元社、昭31・8
斎田喬也『学芸会』牧書店、昭31・10
友田静恵『幼児の造形あそび』ひかりのくに、昭38・10
芸術教育研究所『人形劇あそび12ヶ月』黎明書房、昭39・10
芸術教育研究所編『積み木とおもちゃ12ヶ月』黎明書房、昭41・6
ピアジェ　大伴茂訳『遊びの心理学』黎明書房、昭42・6
滑川道夫『オモチャ教育論』東京堂、昭44・6
斎藤良輔『おもちゃの話』朝日新聞社、昭46・1
斎藤良輔『日本のおもちゃ遊び』朝日新聞社、昭47・11
藤本浩之輔他『日本伝承の手づくりの遊び』創元社、昭47・2
有木昭久他『楽しいあやとり遊び』黎明書房、昭48・4
久保田浩『あそびの誕生』誠文堂新光社、昭48・5
戸田盛和『おもちゃセミナー』日本評論社、昭48・1
野口広『あやとり』(正・続) 河出書房新社、昭48・12～昭49・6
藤本浩之輔『子どもの遊びの空間』日本放送出版協会、昭49・4
須藤俊昭『現代っ子の遊びと生活』青木書店、平3・10

各種目録をも参照

児童文化史年表

明治元年〜明治20年（1868〜87）	沼津兵学校附属小学校設立（明元） 福沢諭吉『訓蒙窮理図解』（明元） 京都上京第二十七番組小学校創立（明２） 福沢諭吉『世界国尽』（明２） 福沢諭吉『西洋事情』（明２） 小中学規則制定（明３） 古川正雄『絵入智慧の環』（明３） 文部省設置（明４） 中村正直『西国立志編』（明４） 学制発布（明５） 福沢諭吉訳『童蒙をしへ草』（明５） 斎藤了庵訳『魯敏孫全伝』（明５） 中村正直訳『西国童子鑑』（明６） 渡辺温訳『通俗伊蘇普物語』（明６） 女子師範学校設立（明７） 永峯秀樹訳『暴夜物語』（明８） 東京女子師範に幼稚園設置（明９） 関信三訳『幼稚園記』（明９） 『よろこばしきおとづれ』創刊　（明９） 『頴才新誌』創刊　（明10） 川島忠事助訳『八十日間世界一周』（明11） 学制を廃し教育令制定（明12） 『小学教文雑誌』創刊　（明12） 教育令改正（明13） 井上勤訳『月世界旅行』（明13） 文部省『小学唱歌集』初編　（明14） 上野動物園開園（明15） 大日本教育会発足（明16） 井上勤訳『魯敏孫漂流記』（明16） 井上勤訳『全世界一大奇書』（明17） 井上勤訳『狐の裁判』（明17） タムソン訳『桃太郎』（明18） タムソン訳『花咲爺』（明18） ドウトルメン訳『猿蟹合戦』（明18） 教科用図書検定条例制定（明19） 品川太吉訳『セキスピア物語』（明19） 大日本婦人教育会創立（明20） 菅了法訳『西洋故事神仙叢話』（明20） 文部省『幼稚園唱歌集』（明20）
明治21年（1888）	『少年園』創刊（11月） 河野政喜訳『王様の新衣装』（12月）
	憲法発布（２月）
明治22年（1889）	『日本之少年』創刊（２月） 『こども』創刊（３月） 東海道本線開通（７月） 『小国民』創刊（７月） 上田万年訳『おほかみ』（１月） 文部省、教員・学生の政治演説禁止の訓令（12月）
明治23年（1890）	『少年文武』創刊（１月） 『少年文庫』創刊（２月） 教育勅語発布（10月） 三輪弘忠『少年之玉』（11月）
明治24年（1891）	巌谷小波『こがね丸』（１月） 『幼年雑誌』創刊（１月） 尾崎紅葉『二人椋助』（３月） 『日本全国小学生徒筆戦場』創刊（３月） 山田美妙『雨の日ぐらし』（７月） 落合直文他『家庭教育歴史読本①』（７月） 尾崎紅葉『鬼桃太郎』（10月） 小学校教育大綱制定（11月） 巌谷小波『猿蟹後日談』（12月）
明治25年（1892）	巌谷小波『当世少年気質』（２月） 伊沢修二『小学唱歌』（２月） 若松賤子訳『小公子』（３月） 中川霞城『少年狂言二十五番太郎冠者』（６月） 村井弦斎『近江聖人』（10月）
明治26年（1893）	巌谷小波『新お伽草子』（１月） 幸田露伴『真西遊記』（３月） 佐々木信綱『絵入幼稚園唱歌集』（３月） 祝日大祭日唱歌斉唱を告示
明治27年（1894）	『幼年玉手函』叢書（１〜12月） 高等学校令公布（６月） 巌谷小波『日本昔噺』叢書（７月〜明29年８月） 日清戦争起こる（８月） 『日本之少年』『幼年雑誌』終刊（12月）
	『少年世界』創刊（１月）

明治28年（1895）	東京高等師範学校に児童心理学の講義（4月） 『少年文集』創刊（7月） 『小公民』発禁処分（11月） 『少国民』（『小国民』）と改題（11月） 『世界歴史譚』叢書（1月～） 民法公布4月
明治29年（1896）	巌谷小波『日本お伽噺』叢書（9月～） 帝国教育会結成（12月） 森田思軒訳『十五少年』（12月） 『少年伝記』叢書刊行
明治30年（1897）	『少年倶楽部』創刊（1月） 『わか桜』創刊（4月） 『小児研究』創刊（5月） 『児童研究』創刊（9月） 文部省に実業教育局を新設、専任視学官を置く（10月） 師範教育令公布（10月） 『海国少年』創刊（11月）
明治31年（1898）	『少年読本』叢書（1月～） 児童学会結成、児童研究盛んとなる 『児童研究』創刊（11月） 緑蔭菅学応訳『児童教育論』（11月） 松本孝次郎『通俗児童学講義』（11月）
明治32年（1899）	巌谷小波『世界お伽噺』叢書（1月～） 『児童界』創刊（1月） 桜井鷗村『初航海』 著作権法公布（3月） 私立学校令公布（8月） 図書館令公布（11月）
明治33年（1900）	『幼年世界』創刊（1月） 『帝国少年会議』創刊（1月） 感化法公布（3月） 文部省に修身教科書調査委員会設置（4月） 『今世少年』創刊（6月） 押川春浪『海底軍艦』（11月）
明治34年（1901）	巌谷小波発音式おとぎ仮名採用（1月） 石井研堂『理科十二ヶ月』叢書（1月～） 石井研堂『少年工芸文庫』叢書（2月～） 桜井鷗村『航海少年』（4月） 下町歌子『お伽噺教草』（8月）
明治35年（1902）	『少年界』『少女界』創刊（1月） 『少年世界文学』叢書（11月～） 教科書疑獄事件（12月）
明治36年（1903）	森桂園他『お伽噺十二月』 国定教科書制度成立（4月） 五来素川『未だ見ぬ親』（7月） 川上音二郎一座、本郷座で児童劇公演（10月） 『少年』創刊（10月） 日本児童学会発足 ライト兄弟、初の動力飛行に成功
明治37年（1904）	押川春浪『新造軍艦』（1月） 日露戦争起こる（2月） 国定教科書使用実施（4月） 『新少年』創刊（4月） 小松武治訳『沙翁物語集』（6月）
明治38年（1905）	『桃太郎』（巌谷小波作）を市川莚一座で上演（1月） 『幼年の友』創刊（6月） 『少年智識画報』『少女智識画報』創刊（9月）
明治39年（1906）	『日本少年』『幼年画報』創刊（1月） お伽倶楽部第一回講演会（2月） 子供博覧会（同文館）（5月） 『少女世界』創刊（9月） 『少年文庫』創刊（11月） 北田秋圃『小婦人』（12月） 芸術的児童文学の胎動
明治40年（1907）	小学校令改正（3月）
明治41年（1908）	『実業少年』『冒険世界』創刊（1月） 『少女の友』創刊（2月） フレーベル会、東京女子高等師範学校内にフレーベル館設置（教育玩具の研究）
明治42年（1909）	日高柿軒訳『フランダースの犬』（1月） 「東京音楽学校規定」を制定（4月） 『兄弟』『姉妹』創刊（6月） 童謡研究会『諸国童謡大全』（9月）
	大逆事件（5月）

明治43年 （1910）	沼田笠峰『わか草』（7月） 高等女学校令改正（10月） 与謝野晶子『おとぎばなし少年少女』（11月） 小川未明『赤い船』（12月）
明治44年 （1911）	『幼年世界』創刊（1月） 文部省、通俗教育調査委員会・文芸委員会設置、通俗教育の政策樹立に着手 立川文庫刊行 文部省、図書館書籍標準目録刊行(10月) ボーイ・スカウト誕生
明治45年 大正元年 （1912）	『少女画報』創刊（1月） 少年文学研究会発足（7月） 巌谷小波『いろはスケッチ子供四十八景』（8月）
大正2年 （1913）	『少女』創刊（1月） 島崎藤村『眼鏡』（2月） 田山花袋『小さな鳩』（3月） 久留島武彦『久留島お伽講談』（5月） 文部大臣の諮問機関として「教育調査会」を設置（6月） 高信峡水『光ちゃん』（8月） 活動写真の流行
大正3年 （1914）	有本芳水『芳水詩集』（3月） 第一次世界大戦起こる（7月） 『少年倶楽部』創刊（11月）
大正4年 （1915）	『飛行少年』創刊（1月） 『日本幼年』創刊（3月） 私立小学校創立始まる
大正5年 （1916）	『良友』創刊（1月） 鈴木三重吉『湖水の女』（12月）
大正6年 （1917）	巌谷小波『お伽芝居十八番』（1月） 鈴木三重吉『世界童話集』発刊（4月） 島崎藤村『幼きものに』（4月） 久保良英等、児童研究所開所（5月） 大阪朝日新聞募集の童話に『黄金の稲束』（浜田広介）（6月） ロシア革命
	市町村義務教育費国庫負担法公布（3月）
大正7年 （1918）	有本芳水『ふる郷』（3月） 芸術的童話童謡運動起こる 自由画、自由綴方運動盛んとなる 『赤い鳥』創刊（7月）
大正8年 （1919）	小学校令、中学校令改正（2月） 『おとぎの世界』創刊（4月） 『こども雑誌』創刊（7月） 日本教員組合啓明会結成（8月） 沖野岩三郎『熊野詣り』（9月） 『金の船』創刊（10月） 『小学男生』『小学女生』創刊（10月） 小川未明『金の輪』（12月） 『赤い鳥』に刺激された児童文学雑誌の流行
大正9年 （1920）	『少年少女譚海』創刊（1月） 文部省に図書局設置（4月） 『童話』創刊（4月） 日本社会主義同盟結成（7月） 鈴木三重吉『古事記物語』（9月） 島崎藤村『ふるさと』（12月） 自由主義教育の実践盛んとなる
大正10年 （1921）	『芸術自由教育』創刊（1月） 西条八十『鸚鵡と時計』（1月） 文化学院、自由学園創立（4月） 北原白秋『兎の電報』（5月） 野口雨情『十五夜お月さん』（6月） エロシエンコ『夜明け前の歌』（7月） 浜田広介『椋鳥の夢』（8月） 子供愛護デー〔大阪〕開催（11月） 三木露風『真珠島』（12月） 北原白秋『まざあぐうす』（12月） 教育児童雑誌創刊多し
大正11年 （1922）	日本童謡会設立（1月） 『コドモノクニ』創刊（1月） 少年団日本連盟発足（4月） 少年院法、矯正院法公布（4月） 島木赤彦『赤彦童謡集』（4月） 『金の鳥』『オヒサマ』創刊（4月） 日本童話協会発足（5月） 児玉花外『少年の歌』（5月） 有島武郎『一房の葡萄』（6月） 北原白秋『祭の笛』（6月） 『金の星』〔『金の船』改題〕（6月）

大正12年 (1923)	小川未明『小さな草と太陽』(7月) 『童話研究』創刊 (7月) 「お初殺し事件」で児童虐待防止の世論あがる (11月) 浜田広介『大将の銅像』(11月) 竹久夢二『あやとりかけとり』(12月) 『少女倶楽部』創刊 (1月) 山村暮鳥『鉄の靴』(3月) 『芸術教育』創刊 (4月) 盲学校及聾唖学校令公布 (8月) 関東大震災 (9月) 島木赤彦『第二赤彦童謡集』(11月) 徳永寿美子『赤い自動車』(12月) 多摩少年院設置 筑波学園創立 四コマ漫画『ノンキな父さん』始まる
大正13年 (1924)	島崎藤村『をさなものがたり』(1月) 西条八十『西条八十童謡全集』(5月) 北原白秋『子供の村』(5月) 野口雨情『青い眼の人形』(6月) 『世界童謡体系』叢書刊行 (7月) 岡田文相、学校劇禁止を訓令 (9月) 坪内逍遥指導の児童劇団地方巡演 (9月) 土田耕平『鹿の眼』(10月) 宮沢賢治『注文の多い料理店』(12月) 四コマ漫画『フクちゃん』(横山隆一) 始まる
大正14年 (1925)	童話詩人会生まれる (6月) 新潟県木崎村で、小作争議から無産小学校・農民学校を開く (6月) 山村暮鳥『よしきり』(6月) 婦人及児童売買禁止国際条約批准 (12月) 吉田絃二郎『静かなる夢』(12月) 『新興童話』創刊 (12月) 東京放送局ラジオ
大正15年 昭和元年 (1926)	童話作家協会創立 (3月) 幼稚園令公布 (4月) 浜田広介『飛んで来い』(5月) 「無産者新聞」に『コドモノセカイ』欄 (6月) 野口雨情『蛍と灯台』(6月) 全国に青年訓練所設置 (7月) 佐藤春夫『蝗の大旅行』(9月)
	土田耕平『蓮の実』(9月) 漫画『正ちゃんの冒険』の人気
昭和2年 (1927)	日本無産者文芸連盟結成 (5月) 『文芸戦線』に「小さな同志」欄 (6月) 林房雄訳『小さいペーター』(7月) 文部省、児童生徒の個性尊重及職業指導に関する件を訓令 (11月) 円本流行し、児童図書にも廉価全集
昭和3年 (1928)	『前衛』に「コドモのページ」欄できる (1月) 「劇団東童」活動を始める (1月) 少年保護デー始まる (4月) 島田忠夫『柴木集』(6月) 教育文芸家協会発足 (9月) 新興童話作家連盟結成 (10月)
昭和4年 (1929)	『童話運動』創刊 (1月) 西条八十『少年詩集』(4月) 『少年戦旗』創刊 (5月) 千葉省三『トテ馬車』(6月) 小学校教員連盟結成 (10月) 水谷まさる『お菓子の国』(11月) 自由芸術家連盟結成 (12月) 千葉省三『ワンワン物語』
昭和5年 (1930)	酒井朝彦『木馬のゆめ』(1月) 『童話の社会』創刊 (3月) 『チチノキ』創刊 (3月) 槙本楠郎『赤い旗』(5月) 新興教育研究所設立 (8月) 『新興教育』創刊 (9月) 北原白秋『赤い鳥童謡集』(10月) 日本教育労働者組合結成 (11月) 文部省、家庭教育振興に関する件を訓令 (12月) 街頭紙芝居盛ん 児童文学のアナ・ポル論争盛ん 芸術派による児童文学同人誌目立つ
昭和6年 (1931)	乳幼児愛護週間 (5月) 槙本楠郎他『小さな同志』(7月) 『明日の児童』創刊 (7月) 小川未明生誕五十年記念会 (11月) プロレタリア教育運動盛ん 欠食児童増大

	『青ノッポ赤ノッポ』（武井武雄）『黄金バット』（鈴木一郎）『凸凹黒兵衛』（田河水泡）に人気 満州事変
昭和７年（1932）	小川未明『青空の下の原っぱ』（３月） 学校劇研究会設立（４月） 『学校劇』創刊（６月） 欠食児救済のため学校給食費の国庫補助（９月） 児童生徒に対する校外生活指導に関する文部省訓令（12月） 全国育児事業協会発足 カルナ学園（浅草寺）設立
昭和８年（1933）	長野県の左翼教員検挙（２月） 児童虐待防止法公布（４月） 京大滝川事件（４月） 少年救護法公布（５月） 文部省に思想局（６月） 与田凖一『旗・蜂・雲』（６月） 『児童問題研究』創刊（７月） 生活綴方運動盛ん 『冒険ダン吉』（島田啓三）に人気 集団主義童話盛ん
昭和９年（1934）	第一回宮沢賢治友の会（２月） 児童芸術教育研究所設立（11月） 『児童芸術研究』創刊（11月） 『宮沢賢治全集』刊行（10月〜）
昭和10年（1935）	帝国少年団協会結成（１月） 北日本国語教育連盟結成（１月） 『生活学校』創刊（１月） 汎太平洋新教育会議開催（８月） アンデルセン百年祭（８月） 全国に青年学校開設（10月） 坪田譲治『狐狩り』（11月） 『日本少国民文庫』叢書（11月〜） 幼年童話作家協会設立（12月） 生活主義童話盛ん
昭和11年（1936）	坪田譲治『をどる魚』（２月） 教育科学研究所を中心に抵抗的教育運動（５月） 文部省、義務教育２年延長を決定（７月） 『赤い鳥』終刊（10月）
	「毎日小学生新聞」創刊 児童文学の復興現象 劇団東童「風の又三郎」（宮沢賢治）「お化けの世界」（坪田譲治）を上演
昭和12年（1937）	『コドモノヒカリ』創刊（１月） 母子保護法公布（３月） 日本学校劇連盟結成（４月） 文部省編『国体の本義』刊行。諸学校に配布。（４月） 塚原健二郎『七階の子供たち』（４月） 川崎大治『ピリピリ電車』（４月） 『お話の木』創刊（４月） 文部省に教学局設置（７月） 吉野源三郎『君たちはどう生きるか』（８月） 『日本少国民文庫』叢書刊行 漫画『のらくろシリーズ』150万部 児童文学に戦時色
昭和13年（1938）	坪田譲治『善太と三平のはなし』（１月） 東大セツルメント閉鎖（２月） 国家総動員法公布（４月） 山本有三『戦争と二人の婦人』（４月） 内務省警保局、児童読物に関する指示要綱発表（10月） 愛育研究所設立（11月） 児童文化運動の高揚 教育紙芝居、教育映画の運動
昭和14年（1939）	小学生に武道教育実施（５月） 文部省、児童図書推せんを始める（５月） 『日本の子供』創刊（６月） 塚原健二郎『子供図書館』（12月） 宮沢賢治『風の又三郎』（12月） 『ルーペ』創刊 児童図書浄化の波で、児童文学書の出版増加
昭和15年（1940）	小学生に軍人援護教育（３月） 川崎大治『太陽をかこむ子供たち』（６月） 生活綴方運動への弾圧（７月） 児童文化新体制の協会設立の懇談会（12月） 与田凖一『山羊とお皿』（12月） 『新児童文化』創刊（12月）

昭和16年 (1941)	大日本青少年団結成（1月） 国民学校令公布（3月） 坪田譲治『ビワの実』（3月） 吉田甲子太郎『負けない少年』（7月） 太田博也『ドン氏の行列』（7月） 太平洋戦争勃発（12月） 日本少国民文化協会発足（12月） 教育雑誌、児童文学研究雑誌の統合整理 小学生のタンカ訓練、戦争訓練始まる
昭和17年 (1942)	学徒出動命令（1月） 日本少国民文化協会発会式（2月） 日本文学報国会結成（6月） 『少国民文化』創刊（6月） 平塚武二『風と花びら』（7月） 岡本良雄『朝顔作りの英作』（10月） 新美南吉『おじいさんのランプ』（10月）
昭和18年 (1943)	徳永直『甚左どんの草とり』（2月） 関英雄『つばめのやくそく』（3月） 坪田譲治『鉛筆とドングリ』（3月） 師範学校、中等学校に国定教科書使用（4月） 坪田譲治『鶴の恩がえし』（7月） 日本少国民文化協会、愛国いろはかるた制定（10月） 大日本育英会創立（10月） 新美南吉『花のき村と盗人たち』（10月） 第一回学徒出陣（12月） 教育に関する戦時非常措置方策決定 “欲しがりません勝つまでは”のスローガン普及
昭和19年 (1944)	大東亜少国民結集大会（2月） 学校工場化の実施（5月） 学童集団疎開始まる（7月） 学徒勤労令、女子挺身隊勤労会公布（8月）
昭和20年 (1945)	Ｂ２９東京を夜間大空襲（3月） 「決戦教育措置要綱」を閣議決定（3月） 米軍、広島・長崎に原子爆弾投下（8月） 終戦の詔書録音放送（8月） 文部省、「新日本建設の教育方針」を発表（9月） 全日本教職員組合、日本教育者組合結成（12月）
	ＧＨＱ、新教科書の作成を指令（12月） 戦災孤児、浮浪児あふれる ヤミ市に粗末な玩具、アメ、絵本など
昭和21年 (1946)	日本童話会創立（2月） 児童文学者協会創立（3月） 『赤とんぼ』『子供の広場』創刊（4月） 文部省、新教育指針を配布（5月） 『童話』創刊（5月） 『少国民世界』創刊（7月） 『新児童文化』復刊（8月） 『日本児童文学』創刊（9月） 文部省、男女共学の実施を指示（10月） 『銀河』創刊（10月） 槇本楠郎『太鼓の鳴る村』（10月） 当用漢字、現代仮名づかい決定（11月） 六・三・三・四の新学制決定（12月） 「リンゴの歌」の流行 プロ野球の復活 日本初の総選挙
昭和22年 (1947)	『童話教室』創刊（1月） 石井桃子『ノンちゃん雲に乗る』（2月） 教育基本法、学校教育法公布（3月） 厚生省に児童局設置（3月） 塚原健二郎『春と時計』（4月） 日本国憲法施行（5月） 『子どもの村』創刊（6月） 菊田一夫作「鐘の鳴る丘」ＮＨＫより放送（7月） 日本童画会発足（7月） 労働省に婦人少年局設置（9月） 児童福祉法公布（12月） 戦後第一次漫画ブーム 生活綴方運動の再開 山川惣二『少年王者』に人気
昭和23年 (1948)	『少年少女』創刊（2月） 『世界の子ども』創刊（3月） 民主紙芝居人集団結成（4月） 新制高校発足（4月） 筒井敬介『コルプス先生汽車へのる』（4月） 北畠八穂『ゾロープーチン日記』（5月） 教育委員会法公布（7月） 児童出版文化人連盟結成（7月） 『少年画報』創刊（8月）

	児童劇作家協会創立（10月） 青木茂『三太武勇伝』（10月） 竹山道雄『ビルマの竪琴』（10月） 『児童演劇』創刊（12月） 視聴覚教育運動盛ん 長谷川町子『サザエさん』に人気
昭和24年（1949）	青少年赤十字再出発（１月） 『冒険王』『漫画王』創刊（１月） 『中学生の友』創刊（１月） 検定教科書使用開始（４月） 子どもクラブ全国連盟結成（４月） 日本学校劇連盟再建（４月） 壺井栄『柿の木のある家』（４月） 『なかよし新聞』創刊（４月） 『児童白書』発表（５月） 第一回「子どもの日」（５月） 日本図書館協会、図書配給を開始（５月） 岡本良雄『太陽とホームラン』（５月） 「社会教育法」成立（６月） 『中学時代』創刊（６月） 「歌のおばさん」ＮＨＫより放送（７月） 『ビルマの竪琴』『柿の木のある家』毎日出版文化賞を受賞（11月） 『世界の絵本』シリーズ〔新潮社〕（11月～） 児童文学の俗悪化 ストーリーマンガ隆盛の方向
昭和25年（1950）	全国学校図書館協議会結成（２月） 塚原健二郎『風船は空に』（３月） 図書館法公布（４月） 日本童話協会発足（４月） 教育紙芝居研究会発足（５月） 日本綴方の会結成（10月） 文部省、国旗掲揚・君が代斉唱を通達（10月） 出版界不況
昭和26年（1951）	中央児童福祉審議会、児童図書館推薦実施（１月） 『ノンちゃん雲に乗る』『ビルマの竪琴』第一回文部大臣賞受賞（３月） 無着成恭『山びこ学校』（３月） 小川未明に芸術院賞（４月） 児童憲章制定（５月） 壺井栄『赤い電話器』（７月）
	対日講和条約調印（８月） 日米安全保障条約（８月） 日教組第一回教育研究全国集会（11月） 青木茂『三太物語』（11月） 壺井栄『母のない子と子のない母と』（11月） 与田準一『五十一番めのザボン』（12月） 良心的児童雑誌の廃刊 戦争玩具の氾濫
昭和27年（1952）	民話の会発足（２月） 第二回文部大臣賞に壺井栄の『母のない子と子のない母と』（３月） 壺井栄『坂道』（３月） 北村寿夫『白馬の騎士』ＮＨＫより放送（４月） 日本子どもを守る会結成（５月） 文部省第一回全国児童文化会議（８月） 秋田雨雀『一郎とにぎりめし』（８月） 日本ＰＴＡ結成（10月） 第一回小学館児童文化賞に奈街三郎、住井すえ、土家由岐雄（11月） 壺井栄『二十四の瞳』（12月） 時代劇映画の影響で、チャンバラゴッコの流行
昭和28年（1953）	北村寿夫『笛吹童子』ＮＨＫより放送（１月） ＮＨＫ、テレビ放映開始（２月） 打木村治『生きている山脈』（２月） 基地の子どもを守る全国会議（３月） 第三回文部大臣賞に浜田広介（３月） 日本児童図書出版協会創立（３月） 『日本児童文学全集』〔河出書房〕（５月～） 『世界少年少女文学全集』〔創元社〕（５月～） 学校図書館法公布（８月） 北畠八穂『あくたれ童子ポコ』（12月）
昭和29年（1954）	北村寿夫『紅クジャク』ＮＨＫより放送（１月） 佐藤義美『あるいた雪だるま』（１月） 菊池寛賞に石井桃子（３月） 第四回文部大臣賞にサトウハチロー（３月） 学校図書館法施行（４月）

	第一回サンケイ児童出版文化賞に佐藤義美の『あるいた雪だるま』ほか（5月） 住井すえ『夜あけ朝あけ』（6月） 児童文学者協会原水禁アピール（8月） 毎日出版文化賞に『夜あけ朝あけ』（10月） 巌谷小波展〔三越〕（10月） 文部省調査で、全国欠食児童十万人、端境期には三十万人と推定（10月） 第一回子どもを守る文化会議（11月） 第二回小学館児童文化賞に永井鱗太郎、伊藤永之助、二反長半（11月） 防衛庁、少年自衛隊員募集（11月） 京都旭丘中学校の民主教育弾圧（12月） 『岩波の子どもの本』シリーズ（12月～） 国分一太郎『鉄の町の少年』（12月） 武内つなよしの漫画『赤銅鈴之助』に人気 力道山によるプロレスの人気 メンコ、ベーゴマ、景品つき駄菓子、ガム流行
昭和30年 （1955）	青木茂『三太の日記』（1月） 『ぼくら』『なかよし』創刊（1月） 飯沢匡『ヤンボ、ニンボ、トンボ』（1月） 文部大臣賞に斎田喬、岩波少年文庫（3月） 芸術院賞に坪田譲治（4月） 日本児童雑誌編集者会創立（4月） アンデルセン生誕百五十年記念行事各地で開催（4月） 日本児童文芸家協会結成（5月） 子どもの歌声運動の提唱（5月） 斎藤秋男『ツバメの大旅行』（5月） 世界母親大会（7月） 第一回原水禁大会（8月） 『りぼん』創刊（9月）
昭和31年 （1956）	サンケイ児童出版文化賞に永井萌二の『ささぶね船長』など（5月） 国分一太郎『りんご畑の四日間』（5月） 文部省、学力調査の実施（9月） カラーテレビ実験放映開始（11月） 中央青少年協議会、観覧制限立法を建議（11月） 小学館児童文化賞に小山勝清（11月） 吉田甲子太郎『兄弟いとこものがたり』（11月）

	鉄腕アトムブーム 横山光輝の漫画『鉄人28号』に人気
昭和32年 （1957）	日本書籍出版協会創立（3月） いぬいとみこ『ながいながいペンギンの話』（3月） 北畠八穂『お山の童子と八人の赤ん坊』（4月） サンケイ児童出版文化賞に『浜田広介童話選集』など（5月） ベニス映画祭グランプリに『お姉さんと一緒』（8月） 毎日出版文化賞にいぬいとみこの『ながいながいペンギンの話』（10月） 「道徳教育の時間」特設を決定（10月） 石井桃子『山のトムサン』（10月） 石森延男『コタンの口笛』（12月） 「赤胴鈴之助」ラジオ、テレビ、映画などのマスコミに立体化 全日本教育系大学児童文化連盟結成
昭和33年 （1958）	『日の丸』創刊（1月） 『コタンの口笛』『天平の少年』などにサンケイ児童出版文化賞（5月） 文部省、小・中学校の理科教育強化を決定（6月） 民話の会『教室の民話』（7月） 文部省、小・中学校の道徳教育の義務化（8月） 新田次郎『風の中の瞳』（8月） 『ひとみ』創刊（8月） 宮口しづえ『ゲンと不動明王』（9月） 『こばと』創刊（9月） フラフープの流行 川内康範「月光仮面」の人気 白土三平「忍者武芸帳」の登場 石井桃子「かつら文庫」開く 東京タワー完成 この年、即席ラーメン販売始まる
昭和34年 （1959）	『少年マガジン』『少年サンデー』創刊（3月） 『ゲンと不動明王』小川未明文学賞受賞（4月） 文部省、児童図書選定制度実施要項決定（4月）

	平野威馬雄『レミは生きている』等にサンケイ児童出版文化賞（５月） 文部省、僻地教育振興法改正の通達（５月） 佐藤暁『だれも知らない小さな国』（８月） 文部省、図書目録制の省令公布（９月） いぬいとみこ『木かげの家の小人たち』（12月） この年、長編創作児童文学出版の方向
昭和35年（1960）	『美しい十代』『少年ブック』創刊（１月） 『風と花の輪』に小川未明文学賞（４月） 椋鳩十『大空に生きる』（４月） 『こどものとも』等にサンケイ児童出版文化賞（５月） 山中恒『赤毛のポチ』（７月） 松谷みよ子『竜の子太郎』（８月） 今江祥智『山のむこうは青い海だった』（10月） 『新見南吉童話全集』に毎日出版文化賞（11月） テレビ「チロリン村とクルミの木」ヒット ソノシート出版盛ん ダッコちゃんブーム 椋鳩十、母と子の20分間読書運動を提唱
昭和36年（1961）	小川未明文学賞に『大空に生きる』『かたすみの満月』（４月） 小学校新学習指導要領実施（４月） 早船ちよ『キューポラのある街』（４月） 社会福祉文化賞に『赤毛のポチ』等（５月） サンケイ児童出版文化賞に『竜の子太郎』等（５月） 立原えりか『でかでか人とちびちび人』（９月） いぬいとみこ『北極のムーシカミーシカ』（11月） 神沢利子『ちびっ子カムのぼうけん』（12月） 入試難深刻化 阿部進の「現代っ子」論争しきり 戦争マンガ、忍者マンガ増大
昭和37年（1962）	「第一回日米教育文化会議」東京で開催（１月） 「義務教育諸学校の教科用図書の無償に関する法律」公布（３月） 小川未明文学賞に『南の風の物語』等（４月） 厚生大臣賞に『キューポラのある街』（５月） サンケイ児童出版文化賞に『ボンのヒッチハイク』等（５月） 文部省、全国小中学校学力テスト強行（７月） 松谷みよ子『竜の子太郎』が国際アンデルセン賞優良賞を受賞（９月） 花岡大学『ゆうやけ学校』小学館文学賞（10月） 金田一京介『アイヌ童話集』に毎日出版文化賞（10月） 中川李枝子『いやいやえん』（12月） 児童週刊誌の進出 『おそ松くん』（赤塚不二夫）に人気
昭和38年（1963）	『少女フレンド』創刊（１月） 吉展ちゃん事件（３月） 第一回ＮＨＫ児童文学賞に中川李枝子の『いやいやえん』等（３月） 福田清人『春の目玉』（３月） サンケイ児童出版文化賞に『こどもの友』等（５月） 厚生大臣賞に中川李枝子の『いやいやえん』（５月） 『マーガレット』創刊（５月） 北畠八穂『破れ穴から出発』（６月） 吉田とし『星ふたつ』（７月） 山口勇子他『つるのとぶ日』（７月） 文部省、選抜性強化を通達（８月） 『少年キング』創刊（８月） 中央教育審議会、期待される人間像特別委員会発足（９月） 小学館児童文学賞に大石真等（10月） 前川康男『ぼくはぼくらしく』（10月） 『びわの実学校』創刊（10月） 第一回能研テスト（11月） 庄野英二『星の牧場』（12月） 『カッパコミックス』創刊（12月） 中川李枝子他『ぐりとぐら』（12月） 悪書追放運動の問題化 教科書統制反対運動盛ん ビートルズ人気

昭和39年 （1964）	文部省、道徳教育指導資料発表（２月） 日本児童文芸家協会、十四歳立春式提唱（２月） 岡野薫子『銀色ラッコのなみだ』（２月） ＮＨＫ児童文学賞に若谷和子の『小さい木馬』（３月） 文部省、幼稚園教育要領発表（３月） 日本児童文学者協会賞に神宮輝夫の『世界児童文学案内』等（４月） 『希望の友』創刊（４月） サンケイ児童出版文化賞に岡野薫子の『銀色ラッコのなみだ』等（５月） 厚生大臣賞に山口勇子他の『つるのとぶ日』（５月） 東京都青少年条例強行採決（７月） 松谷みよ子『小さいモモちゃん』（７月） 国際アンデルセン賞佳作賞にいぬいとみこの『北極のムーシカミーシカ』（９月） 長崎源之助『あほうの星』（９月） 毎日出版文化賞に至光社の『おはなしのえほん』（11月） 野間児童文芸賞に松谷みよ子の『小さいモモちゃん』等（11月） 『カッパコミックス』創刊（12月）
昭和40年 （1965）	中教審、期待される人間像の中間発表（１月） 日本児童文学者協会賞に稲垣昌子の『マアおばさんはネコが好き』等（４月） 『子どもの本・この百年展』開催〔伊勢丹〕（４月） サンケイ児童出版文化賞に赤羽末吉他の『ももたろう』等（５月） いぬいとみこ『うみねこの空』（５月） 家永三郎、教科書検定違憲訴訟（６月） 小沢正『目をさませトラゴロウ』（８月） 小学館児童文学賞に久保喬の『ビルの山ねこ』（10月） 野間児童文芸賞にいぬいとみこの『うみねこの空』等（11月） 今西祐行『肥後の石工』（12月） 松谷みよ子『まえがみ太郎』（12月） 『おばけのＱ太郎』（藤子不二雄）に人気 家永三郎教科書裁判始まる

昭和41年 （1966）	古田足日『宿題ひきうけ株式会社』（２月） 少年法改正発表（５月） 福田清人『秋の目玉』（７月） 乙骨淑子『八月の太陽を』（８月） 今西祐行『あるハンノキの話』（12月） 子ども劇場運動（福岡）起こる 親と子のよい映画を見る会誕生 梶原一騎の漫画『巨人の星』『ハリスの旋風』に人気 『少年マガジン』百万部突破
昭和42年 （1967）	クラウス他『はなをくんくん』（３月） 日本親子読書センター発足（４月） 香川茂『セトロの海』（４月） 日本近代文学館分館として、児童文庫（５月） ベトナムの子どもを支援するつどい（５月） 寺村輝夫『王さまばんざい』（６月） 『国分一太郎児童文学集』〔６巻〕（９～12月） 前川康男『ヤン』（10月） 水木しげるの『墓場の鬼太郎』に人気 シンナー遊びの問題化
昭和43年 （1968）	あかつき戦闘隊懸賞問題起こる（３月） 神沢利子『いたずらラッコのロッコ』（３月） 児童文学者、国会図書館の児童図書公開閲覧を要請（５月） 日本子どもの本研究会発足（５月） 吉川英治賞に後藤楢根（５月） まど・みちお『てんぷらぴりぴり』（６月） 日本児童文学者協会賞に長崎源之助の『ヒョコタンの山羊』（７月） 今江祥智他『ひとつふたつみっつ』（７月） 『少年ジャンプ』創刊（７月） 野間児童文芸賞にまど・みちおの『てんぷらぴりぴり』（10月） 小学館児童文学賞に斎藤隆介の『べろだしちょんま』（10月） メキシコ五輪開催（10月） 少年文芸作家クラブ発足（11月）
	松居直也『ももたろう』（１月） 『少年少女新聞』創刊（３月）

昭和44年 (1969)	日本児童文化研究所発足（４月） サンケイ児童出版文化賞に『砂』（メイン）等（５月） 阪田寛『ぽんこつのマーチ』（５月） 日本児童文学者協会賞に来栖良夫の『くろ助』（６月） 神沢利子『くまの子ウーフ』（６月） 斎藤隆介『三こ』（８月） 『少年チャンピオン』創刊（８月） 毎日出版文化賞に坪田譲治編『びわの実学校名作選』（11月） 小学館児童文学賞に山下夕美子の『二年２組はヒヨコのクラス』（11月） 『ぼくらマガジン』創刊（11月） アポロ11号月着陸（11月） 斎藤隆介他『花さき山』（12月） キーツ『ゆきのひ』（12月） 子殺し、捨て子事件の問題化 ＴＶ番組セサミストリート登場
昭和45年 (1970)	大阪万博（３月） 親子読書・地域文庫全国連絡会誕生（４月）記念行事開催（５～６月） 日本児童文学者協会賞に前川康男の『魔人の海』（６月） 家永三郎教科書裁判、違憲判決（７月） 永井豪の漫画『ハレンチ学園』、ジョージ・秋山の『アシュラ』問題化（７月） 木島始他『やせたぶた』（７月） 岡野薫子『はらぺこおなべ』（７月） 児童文学をめぐる言論統制問題化（８月） 野間児童文芸賞に後藤竜二の『大地の冬のなかまたち』（10月） 三島由紀夫自殺（11月） 漫画『サインはＶ』に人気 テレビ普及台数2200万台に達する 公害問題、国民運動化
昭和46年 (1971)	儀間比呂志、『ふなひき太良』（３月） 新学習指導要領、小学校に実施（４月） イタイイタイ病公害裁判に判決（６月） 沖縄返還協定調印（６月） 赤い鳥文学賞に椋鳩十の『マヤの一生』等（７月） 広島テレビ編『いしぶみ』（７月） 文壇作家の創作児童文学増加 小学生の学習塾の日常化
昭和47年 (1972)	児童手当制度設置（１月） 新学習指導要領、中学校実施。社会科に公民科の登場（４月） 沖縄返還（５月） 斎藤淳夫『冒険者たち』（５月） ベトナムの子どもを殺すな！ベトナムと私の会発足（６月） 改定音訓表、改定送り仮名についての国語審議会答申（６月） 赤い鳥文学賞に庄野潤三の『明夫と良二』等（６月） 日本児童文学者協会賞に藤田圭雄の『日本童謡史』等（７月） 川端康成没（４月） サンケイ児童出版文化賞に北畠八穂の『鬼を飼うゴロ』等（８月） 赤羽末吉他『おおきなおおきなおいも』（10月） 神沢利子『銀のほのおの国』（11月） 寺村輝夫『つなひきわっしょい』（12月） 光化学スモッグの影響増大 手づくりの児童文化への関心
昭和48年 (1973)	絵本作家キーツ来日（１月） 船崎克彦『ほっぺん先生の日曜日』（３月） サンケイ児童出版文化賞に筒井敬介の『かちかち山のすぐそばで』（５月） 『絵本』創刊（５月） 早乙女勝元『猫は生きている』（５月） 『子どもの館』創刊（６月） 岩崎京子『花咲か』（８月） 小学館児童文学賞に安房直子の『風と木の歌』等（10月） 野間児童文芸賞・日本児童文学者協会賞に安藤美紀夫の『でんでんむしの競馬』（10月） 今江祥智『ぼんぼん』（10月） ピカソ没（10月） 浜田広介没（11月） オカルトの流行、エクソシストのヒット
昭和49年 (1974)	朝日賞に坪田譲治等（１月） 日本児童文学者協会賞に岩崎京子の『花咲か』等（７月） 赤い鳥文学賞に舟崎克彦の『ぽっぺん先生と帰らずの沼』（７月）

	長島茂雄引退
昭和50年 (1975)	ヴェトナム戦争終結（４月） 国際婦人年
昭和51年 (1976)	ロッキード事件（２月） 天安門事件（４月） 毛沢東没（９月） 野長瀬正夫の詩「小さなぼくの家」（２月）、シルヴァスタイン『おおきな木』（11月）
昭和52年 (1977)	プレスリー没（８月） チャップリン没（12月） 新学習指導要領告示〔小・中学生〕 宇宙戦艦ヤマト人気
昭和53年 (1978)	成田空港開港（５月） 「じゃりん子チエ」始まる 灰谷健次郎『ひとりぼっちの動物園』、カニグスバーグ『ぼくとジョージ』（７月）
昭和54年 (1979)	マザーテレサ　ノーベル平和賞受賞（12月） 国際児童年スタート アニメ『銀河鉄道999』が話題 『ドラエもん』人気 インベーダーゲームの流行 ウォークマンの登場
昭和55年 (1980)	モスクワ五輪　日本他不参加（７月） 『少年ジャンプ』300万部突破 那須正幹『ぼくらは海へ』
昭和56年 (1981)	黒柳徹子の『窓ぎわのトットちゃん』がベストセラー 『Ｄｒスランプ』に人気 キャラクター玩具流行 国際障害者年 倉本聰『北の国から』
昭和57年 (1982)	東北新幹線開業 ガンダムフィーバー 『アキラ』『風の谷のナウシカ』に人気
	『東京ディズニーランド』オープン（10月）
昭和58年 (1983)	戸塚ヨットスクール事件 校内暴力社会問題化
昭和59年 (1984)	ロサンゼルス五輪 グリコ・森永事件 臨時教育審議会設置 『少年ジャンプ』400万部 パウゼバンク『最後の子どもたち』（５月）
昭和60年 (1985)	日航ジャンボ機事故（８月） 「子どもの城」開所（11月） ファミコン大人気
昭和61年 (1986)	子どもの本世界大会〔子どもの城〕（８月）
	安房直子『やさしいたんぽぽ』 『世界子どもの歴史（全11巻）
昭和62年 (1987)	チェルノブイリ原発事故 ロレンガス「灰のまつえい」（６月）
昭和63年 (1988)	リクルート事件 アニメ「となりのトトロ」の人気 日本子どもの本学会設立
平成１年 (1989)	子どもの権利条約採択（11月） アニメ「魔女の宅急便」に人気
平成２年 (1990)	国際花と緑の博覧会開催〔大阪〕（４月～９月） 「子どものための世界サミット」国連で開催（９月） 工藤直子『ともだちは緑のにおい』芸術選奨文部大臣新人賞
平成３年 (1991)	米資本の玩具店「トイザラス」荒川沖に開店 アニメ「おもいでぽろぽろ」人気
平成４年 (1992)	ソビエト連邦解消 学校週５日制始まる（９月） 毛利衛エジンバラによる宇宙飛行（９月）
平成５年 (1993)	ＥＣ統合市場（１月） 国連ボランティア中田厚仁殺害される（４月） Ｊリーグ開幕（５月）

平成6年 (1994)	松本サリン事件（6月） 大江健三郎ノーベル文学賞（10月）
平成7年 (1995)	阪神淡路大震災6245人死亡（1月） 地下鉄サリン事件（3月）
平成8年 (1996)	若田光一宇宙飛行（1月） 大阪O157大量感染（7月）
平成9年 (1997)	神戸少年犯罪事件（5月） 「もののけ姫」（宮崎駿）大ヒット（9月） 温暖防止京都会議（12月） 対人地雷全面禁止条約（12月） 心の教育論争盛ん 「ポケットモンスター」大人気
平成10年 (1998)	明石海峡大橋開通（4月）
平成11年 (1999)	教育改革国民会議答申（12月） 教育改革論議盛ん
平成12年 (2000)	シドニーオリンピック開催。女子マラソン高橋尚子優勝（9月） 児童虐待防止法公布（5月）
	各種年表・年鑑をも参照 〈岡田純也〉